D1724599

Hermann Dannheimer · Auf den Spuren der Baiuwaren

PRÄHISTORISCHE STAATSSAMMLUNG

Hermann Dannheimer

Auf den Spuren der Baiuwaren

Archäologie des frühen Mittelalters in Altbayern
Ausgrabungen – Funde – Befunde

WLV

W. Ludwig Verlag

Fotos: Prähistorische Staatssammlung München
(H. Dannheimer, M. Eberlein)
Zeichnungen: Prähistorische Staatssammlung München
(M. Berger, H. Huber, R. Petrovszky)

ISBN 3-7787-2089-9
© 1987 W. Ludwig Verlag Pfaffenhofen
Satz und Druck: Ilmgaudruckerei Pfaffenhofen
Printed in Germany
Nachdruck, auch auszugsweise, nur mit Genehmigung des Verlages
Umschlaggestaltung: Adolf Bachmann
Umschlagfotos: Bayerisches Landesamt f. Denkmalpflege (O. Braasch) u.
Prähistorische Staatssammlung (M. Eberlein)

Inhalt

Einleitung

Die Frage nach den Besiedlungsverhältnissen im bayerischen Alpenvorland seit dem Zeitpunkt des Abzugs der Römer aus der ehemaligen Provinz Rätien, also der Übergang von der Spätantike zum frühen Mittelalter im heutigen Südbayern (die Frage der „Kontinuität" oder „Diskontinuität") beschäftigt die archäologische und historische Forschung nicht minder als die Frage nach der Herkunft bzw. Stammesbildung der Baiern (die „Ethnogenese"). Dies sind Fragen, denen in diesem Buch *nicht* nachgegangen werden soll. Denn seit Kurt Reindel im Jahre 1967 in der – übrigens 1970 auch im Druck erschienenen und daher leicht zugänglichen (und lesenswerten!) – Vortragsreihe für den Bayerischen Rundfunk „Bayern im Mittelalter" die Problematik ausführlich dargestellt hat, sind – wie nicht anders zu erwarten – keine neuen literarischen Quellen zum Problemkreis aufgetaucht. Allerdings konnte die Archäologie noch manches Mosaiksteinchen beibringen. Die endgültige Lösung der anstehenden Fragen ist indessen noch in weiter Ferne.

Einen erheblichen Fortschritt bedeutet freilich die Entdeckung eines großen Gräberfeldes mit mehreren hundert Bestattungen im Gebiet von Alburg (Stadtkreis Straubing), das 1980 zufällig angeschnitten und seitdem vom Bayerischen Landesamt für Denkmalpflege ziemlich vollständig ausgegraben werden konnte. Die Belegung dieses Reihengräberfriedhofes setzte spätestens um die Mitte des 5. Jahrhunderts ein und erstreckte sich wohl über die gesamte Reihengräberzeit, also bis um 700 n. Chr. (nach R. Christlein). Von der Analyse seiner Beigaben sind – trotz erheblicher Beeinträchtigungen durch antiken Grabraub – wichtige Aufschlüsse zu erwarten. Insbesondere wird der Vergleich mit den Fundmaterialien anderer größerer Gräberfelder, deren Veröffentlichung bereits erfolgte oder kurz bevorsteht (vor allem Aubing im Stadtkreis München und Klettham bei Altenerding, Stadtkreis Erding) die Forschung erheblich weiterführen.

Neben den angedeuteten Fragen der Kontinuität und der Ethnogenese der Baiuwaren beschäftigen den Archäologen eine Vielzahl anderer Probleme, die alle Bereiche menschlichen Lebens berühren. Hierüber will die vorliegende

Arbeit berichten. Sie stützt sich so gut wie ausschließlich auf eigene Forschungsvorhaben des Autors im Gebiet von Altbayern in der Zeitspanne zwischen 1960 und 1985, was in vielerlei Hinsicht natürlich eine Einschränkung bedeutet. Andererseits kann sie nicht zuletzt wegen dieser Bescheidung auf die Beschreibung von Sachverhalten auf eine zu freizügige und oft nicht genügend deutlich als Spekulation gekennzeichnete Interpretation der Quellen verzichten, die u. E. manche in letzter Zeit erschienene umfassendere Darstellung in ihrem Wert erheblich mindert.

Die genannten von der Prähistorischen Staatssammlung München aus durchgeführten Untersuchungen wären nicht möglich gewesen ohne die großzügige Unterstützung durch zahlreiche andere Institutionen. Für sie soll hier stellvertretend die Deutsche Forschungsgemeinschaft und deren damaliger Fachreferent Dr. Wilhelm Treue dankbar genannt werden. Ebenso zu danken ist den jeweiligen Fachgutachtern, deren positives Votum für die Förderung ausschlaggebend war.

Wie in den meisten Teilen Europas konzentrierten sich auch in Süddeutschland die altertumskundlichen Untersuchungen der Frühmittelalterarchäologen bis in die fünfziger Jahre weitgehend auf antiquarische und formenkundliche Studien zum Fundstoff. Dabei hat freilich für Altbayern besonders Hans Bott siedlungs-, kultur- und geistesgeschichtliche Fragestellungen durchaus nicht vernachlässigt. Sie mußten jedoch im Hintergrund bleiben (oder waren nicht befriedigend zu lösen), solange es galt, das chronologische Gerüst zu erarbeiten, von dem aus erst eine weitergehende Auswertung versucht werden kann. Zudem wirkte sich die Lückenhaftigkeit des Fundstoffes als Hemmschuh aus. Bis kurz vor dem 2. Weltkrieg gab es zwar eine Reihe größerer Fundkomplexe aus Gräberfeldern des 6. und 7. Jahrhunderts, doch stellten sie meist nur willkürliche Ausschnitte dar. Funde oder gar Befunde aus Siedlungen fehlten so gut wie ganz. Der 2. Weltkrieg brachte auf diesem Teilgebiet der historischen Wissenschaften die Arbeit überdies so gut wie vollständig zum Erliegen.

Viele der schon länger bekannten Fundmaterialien aus den frühmittelalterlichen Friedhöfen sind bis heute noch unveröffentlicht. Bei ihrer Bearbeitung stellte sich nämlich heraus, daß die Untersuchungsmethoden der damaligen

Zeit modernen wissenschaftlichen Anforderungen nicht mehr standhalten können. Es war deshalb notwendig, neues Quellenmaterial zu erschließen, durch das auch die Aussagekraft der älteren Funde erst so recht zu beurteilen sein würde.

Diese wissenschaftlichen Erfordernisse ließen sich in den Jahren des wirtschaftlichen Aufschwunges nach dem 2. Weltkrieg gut mit den Anforderungen des denkmalpflegerischen Alltags in Einklang bringen. Eine rege Bautätigkeit seit den späten fünfziger Jahren führte zur Entdeckung zahlreicher neuer Fundstätten am Rande unserer Städte und Dörfer und weit darüber hinaus, die diese Geschichtsquellen zugleich aber auch in ihrer Existenz bedrohte. Weil das Bayerische Landesamt für Denkmalpflege – personell nur unzureichend ausgestattet – in den sechziger und siebziger Jahren seine Grabungstätigkeit auf andere bayerische Landesteile konzentrierte, war es naheliegend, daß die Prähistorische Staatssammlung München im begrenzten Rahmen ihrer Möglichkeiten vor allem im Gebiet südlich der Donau einsprang und Aufgaben der Denkmalpflege wahrnahm. Hand in Hand damit wurde die Bearbeitung älterer Grabungen vorangetrieben. Als Teilergebnis dieser Bemühungen ist hier über 10 Ausgrabungsorte zusammenfassend zu berichten, an denen neue Quellen zur frühmittelalterlichen Geschichte Bayerns teils vollständig, teils in größeren Ausschnitten erschlossen werden konnten. Dabei sollen – wie schon angedeutet – Aspekte allgemein kulturgeschichtlicher Art im Vordergrund stehen.

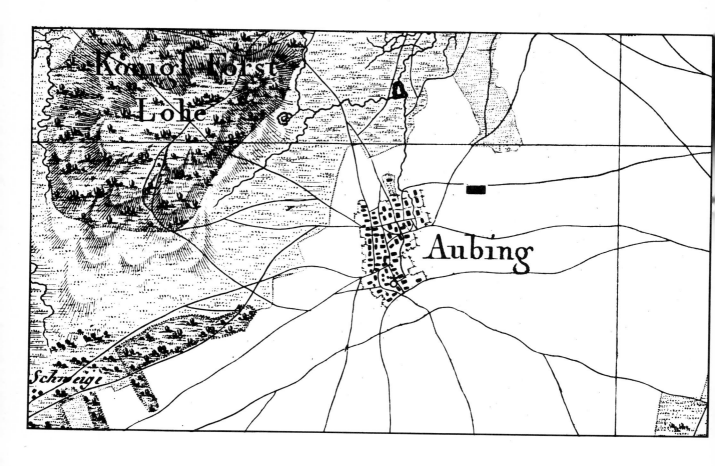

Abb. 1
München-Aubing. Lage des baiuwarischen Reihengräberfeldes im Kartenbild des 19. Jahrhunderts. M. 1:25 000. (Kartengrundlage: Topographischer Atlas von Bayern 1812 ff. Blatt 77 West.)

Das Reihengräberfeld von Aubing, Stadtkreis München

Entdeckung und Ausgrabung

Die Pläne für den Ausbau der „Hauptstadt der Bewegung" sahen während des sog. „Dritten Reiches" vor, den Münchener Hauptbahnhof an den westlichen Stadtrand zu verlegen. Im Zusammenhang mit den dafür notwendigen Arbeiten am Streckennetz der Bahn wurden im Gebiet der Münchener Schotterebene neue Kiesgruben erschlossen. Dies führte zur Entdeckung zweier großer baiuwarischer Reihengräberfelder des frühen Mittelalters. Auf das eine stieß man 1938 etwa 1 km nordöstlich des seit 1942 nach München eingemeindeten Dorfes Aubing. Bei der unmittelbar anschließenden Untersuchung durch den Grabungstechniker Eugen Wünsch vom Bayerischen Landesamt für Denkmalpflege wurden über 350 Bestattungen, wie sich lange danach herausstellte ein gutes Drittel des gesamten Friedhofes, in großer Eile notdürftig untersucht. Die für 1939 geplante Fortsetzung der Grabung mußte unterbleiben, da in einer Kiesgrube bei Feldmoching – im Norden Münchens – ein gleichartiger Bestattungsplatz entdeckt wurde. Dieser war durch den fortschreitenden Kiesabbau unmittelbar bedroht, so daß seine notdürftige Bergung vordringlich war.

Abb. 1

Der Ausbruch des Krieges im Herbst des gleichen Jahres machte für viele Jahre größere archäologische Untersuchungen unmöglich. Dies war im Falle des Baiuwarenfriedhofes von Aubing umso bedauerlicher, als man hier auf eine besonders wichtige Fundstelle gestoßen war: Die Ausstattung der Gräber war überdurchschnittlich gut, und insbesondere die Schmuckbeigaben in den Frauengräbern ließen erkennen, daß sich die spätestens um 500 einsetzende Belegung mindestens über zwei Jahrhunderte erstreckt haben mußte. Es war klar, daß damit eine für die Beurteilung der Anfänge des Baiernstammes besonders wichtige Quelle der Erschließung harrte.

Abb. 5

In den fünfziger Jahren hatten unsorgfältige Ermittlungen den Eindruck erweckt, daß beim Fortschreiten des Kiesabbaues nach 1938 der noch nicht untersuchte Teil des Reihengräberfeldes zerstört worden sei. Ein im Herbst

Abb. 2
München-Aubing. Blick von Süden auf einen Ausschnitt des frühmittelalterlichen Friedhofes während der Ausgrabung. Die einzelnen, zu Reihen angeordneten Grabschächte heben sich vom umgebenden Schotteruntergrund deutlich ab.

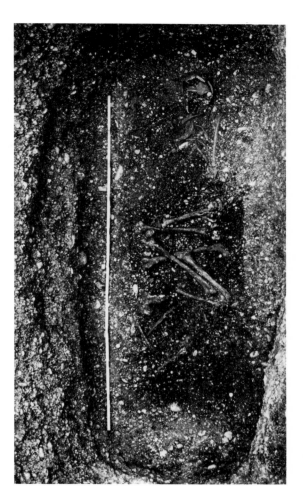

Abb. 3
München-Aubing. Ein ungestörtes Männergrab mit Lanze, Sax und Gürtelausstattung.

Abb. 4
München-Aubing. Von Grabräubern ausgeplündertes Männergrab. Der Raubschacht zeichnet sich deutlich ab; ungestört blieb lediglich ein Teil der Oberkörperregion.

1960 angelegter Testschnitt zeigte indessen, daß dies nicht der Fall war. Mit Mitteln der Deutschen Forschungsgemeinschaft wurden daraufhin in drei jeweils mehrwöchigen Grabungskampagnen bis 1963 das restliche Friedhofsareal untersucht und in gesamter Länge der Anschluß an die Bergungsfläche von 1938 gewonnen. Insgesamt wurden mehr als 560 Bestattungen festgestellt, so daß sich die Gesamtbelegung auf mindestens 900 Gräber beläuft.

Totenbrauchtum und Grabraub

Ein Blick auf den 1961 freigelegten Gräberfeldausschnitt zeigt, daß die für frühmittelalterliche Friedhöfe üblich gewordene Bezeichnung „Reihengräberfelder" ihre Berechtigung hat. Die einzelnen Bestattungen sind tatsächlich in
Abb. 2   Reihen angeordnet, wobei der Eindruck sorgfältiger Reihung nur dadurch etwas gestört wird, daß jüngere Gräberzeilen in manchen Fällen sich über ältere gelegt und dadurch Überschneidungen bewirkt haben.

Die Toten wurden – wie das seit der späten Kaiserzeit unter dem Einfluß des Christentums üblich war – in West-Ost-Ausrichtung (mit dem Kopf im Westen) in das Grab gelegt und – je nach ursprünglichem Besitzstand – mit
Abb. 3   Beigaben für das Leben im Jenseits ausgestattet. Nicht so sehr die erwähnten Grabüberschneidungen, als vielmehr der besonders während der jüngeren Reihengräberzeit, im 7. und frühen 8. Jahrhundert geübte Grabraub hat dazu geführt, daß wir nur einen geringen Prozentsatz der Bestattungen noch ungestört angetroffen haben. In den meisten Fällen fanden sich die Skelettreste des Toten in völlig wirrer Lage in verschiedenen Tiefen der Einfüllung verstreut oder in einem bestimmten Teil auf dem Boden der Grabgrube zusammenge-
Abb. 4   scharrt. Selbstverständlich wurden gerade die einstmals besonders reich ausgestatteten Gräber von den Räubern heimgesucht. Sie haben die Schächte – wie sich vielfach beobachten ließ – sehr gezielt angesetzt, denn ungestört gebliebene Teile der Bestattung waren in der Tat meist ganz ohne Beigaben oder sie waren allenfalls mit Gegenständen von geringem Wert ausgestattet. Dies deutet darauf hin, daß man zum Zeitpunkt der Beraubung noch sehr gut über die Verhältnisse Bescheid wußte.

14

Abb. 5
*München-Aubing. Vogelförmige Broschen aus Frauengräbern des 6. Jahrhunderts; Silber,
vergoldet. Höhe des Raubvogels in der Mitte 3,3 cm.*

Eine andere Beobachtung bestätigt, daß der Zeitpunkt der Plünderung nur in geringem zeitlichen Abstand von dem der Bestattung gelegen haben kann: In einigen Fällen fanden sich zusammengehörige Skelett-Teile in der Einfüllung des Grabes im natürlichen Verband liegend vor. Dies deutet darauf hin, daß die Verwesung noch nicht sehr weit fortgeschritten gewesen sein konnte, als die Grabräuber die entsprechenden Gliedmaßen bei ihrer Nachsuche heraus- und hernach wieder in die Einfüllung des Grabes zurückgeworfen haben.

Die germanischen Volksrechte des frühen Mittelalters, und so auch die Lex Baiuvariorum, sahen für Grabraub harte Strafen vor – ein Zeichen, daß die Unsitte weit verbreitet war: *Si quis mortuum liberum de monumento efodierit, cum XL sol. conponat parentibus et ipsum, quod ibi tulit, furtivum componat. Wenn einer einen toten Freien aus seinem Grabmal ausgräbt, der büße ihn mit 40 Schillingen den Verwandten und büße das, was er dort weggenommen hat, als einen Diebstahl (Lex Baiuvar. 19,1).*

Vielleicht liefert ein Befund in Grab 378 von Aubing einen Beleg dafür, daß sich die Grabschänder des Sträflichen ihres Tuns bewußt waren. Im Grabschacht waren im Bestattungsniveau nur noch einzelne Skelettreste zu finden; als einzige Beigabe lag zwischen den Füßen ein etwas unsorgfältig gearbeiteter Goldblechanhänger von etwa glockenförmigem Umriß mit aufgelöteter rein ornamentaler Filigranverzierung. Er war als einziger von der sicher ursprünglich wesentlich reicher ausgestatteten Halskette abgefallen und damit den Räubern entgangen. Dies ist nicht weiter verwunderlich, denn sicher wurden diese Plünderungen bei Nacht und Nebel ausgeführt. Östlich unterhalb der Füße stak im ungestörten anstehenden Kies eine 8,6 cm lange Eisenspitze mit offener Tülle. Wir hielten sie zunächst für einen „Lanzenschuh" und dachten an Doppelbelegung des Grabes 378. Nachdem die anthropologische Bestimmung der Skelettreste ergeben hat, daß es sich bei allen aufgefundenen Teilen um die Überreste einer einzigen Person und zwar einer Frau gehandelt hat, mußte eine andere Erklärung gesucht werden. Der Vergleich mit volkskundlichen landwirtschaftlichen Geräten der jüngeren Vergangenheit zeigte, daß die Eisenspitze von der Eisenbewehrung einer Holzgabel gestammt haben muß. Während der Totengräber die Grabgrube auch im frühen Mittelalter zweifellos

Abb. 7

Abb. 6

16

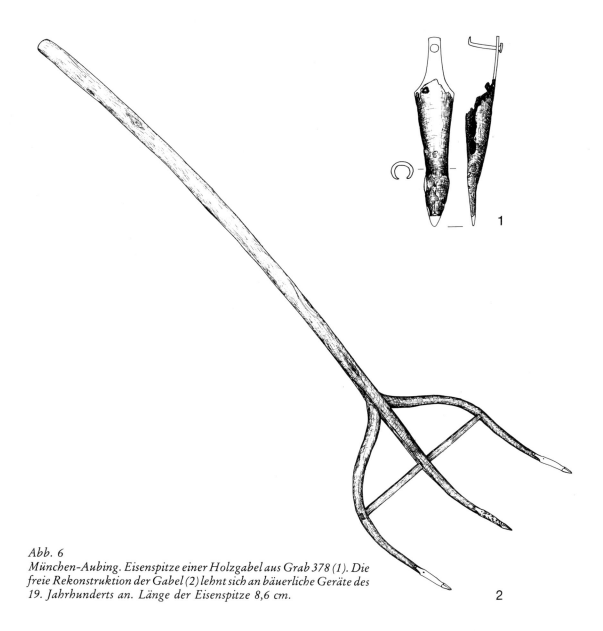

Abb. 6
München-Aubing. Eisenspitze einer Holzgabel aus Grab 378 (1). Die
freie Rekonstruktion der Gabel (2) lehnt sich an bäuerliche Geräte des
19. Jahrhunderts an. Länge der Eisenspitze 8,6 cm.

mittels einer (an der Schneide wohl ebenfalls eisenbewehrten) Schaufel ausgehoben hat, haben die Plünderer den „anrüchigen" Inhalt des Grabes vermutlich mit einer Gabel durchsucht. Bei der gebotenen Eile war die Gabel in diesem Falle versehentlich tief in den anstehenden Kies gerammt worden, wobei der eine Zinken abgebrochen ist.

Die starke Zunahme der Grabplünderung während des 7. Jahrhunderts wird vielfach mit der Ausbreitung christlicher Jenseitsvorstellungen in Verbindung gebracht, mit denen das vorchristlichen Beigabenbrauchtum nicht in Einklang zu bringen ist. Als Zeugnis dafür führt man an, daß kostbare Schmuckstücke, die mit christlichen Motiven geschmückt sind, von den christlichen Grabräubern in den Gräbern absichtlich aus Furcht vor göttlicher Strafe zurückgelassen worden seien. Indessen ist dies wohl nicht anders zu erklären, als beispielsweise bei dem Goldanhänger aus Grab 378, bei dem ein christliches Symbolzeichen fehlt.

Abb. 7
München-Aubing. In unterschiedlichen Techniken verzierte Goldanhänger aus zwei geplünder-ten Frauengräbern. Die beiden Schmuckstücke sind den Grabräubern entgangen. Durchmesser des scheibenförmigen Anhängers 2,3 cm.

Abb. 8
München-Aubing. Scheibenförmige Broschen aus edlen und unedlen Metallen aus drei Frauen-gräbern. Gräber mit Goldschmuck sind nur ausnahmsweise der Beraubung entgangen. Durch-messer der Goldfibel 4,2 cm.

Zeugnisse heidnischen Glaubens

Überhaupt sind im Aubinger Gräberfeld Zeugnisse heidnischer Glaubensvorstellungen häufiger zu finden gewesen als solche eines gefestigten Christenglaubens. In diesem Zusammenhang sei etwa das Grab 822 herausgegriffen. Es enthielt die Bestattung eines Mannes „in den besten Jahren", dem zu Füßen der Kopf eines Pferdes beigegeben war. Dieser war vermutlich ebenso wie die selten belegte Beigabe von Zaumzeug als „pars pro toto", also stellvertretend für das vollständige Pferd, gedacht. Vielleicht wurde ihm aber auch eine Unheil abwehrende Bedeutung beigemessen.

Abb. 9

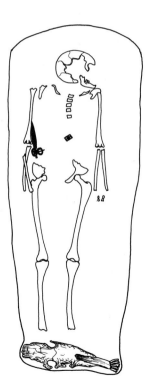

Abb. 9
München-Aubing. Befundaufnahme des Männergrabes 822, dem ein Pferdeschädel beigegeben war. M. 1:20.

Auch das vielfältige Amulettbrauchtum, wie es in den Aubinger Funden greifbar wurde, wurzelt in vorchristlichen Vorstellungen, die offenbar damals noch sehr lebendig waren. Zu den wenigen gut ausgestatteten Frauengräbern des 7. Jahrhunderts, die unberaubt geblieben sind, zählt Grab 608, in dem eine junge Frau bestattet war. Neben einer mit Silbermanschetten belegten eisernen Haarnadel und einem Halsschmuck mit einer großen Zahl von Glasperlen trug sie als kostbarsten Schmuck am Hals eine mit Glas- und Steineinlagen und aufgelöteten Draht- und Blechstreifen geschmückte Goldscheibenfibel. Nicht *Abb. 8* minder wertvoll war das zwischen den Knien gefundene Amulett: eine mit Silberbändern gefaßte makellose Rauchtopaskugel. Sie bildete den unteren *Abb. 10 u. 11* Abschluß eines unterhalb der Taille aufgereihten Ensembles von silbernem Riemenzubehör: einem Schnällchen mit zugehöriger Riemenzunge; einem in Kerbschnitt-Technik mit Tierkopfpaaren verzierten Scharnierband, das allerdings zu Bruch gegangen war; einigen Nieten mit flachen Köpfen und einem weiteren Schnällchen mit Riemenzunge. Aus den Dimensionen der Riemenzungen und Beschläge ist zu erschließen, daß der zugehörige Riemen knapp 1 cm breit gewesen sein muß. Nach der Lage im Grab kann das Amulettgehänge genau rekonstruiert werden. Es war so beschaffen, daß man – ohne den Gürtel zu lösen – sowohl das gesamte Gehänge ablegen als auch das Amulett für sich alleine abnehmen konnte.

Offenbar hat sich die junge Frau seines Schutzes vielfach versichert. Durch den ständigen Gebrauch war am Scharnierband die untere Öse abgebrochen, so daß das zugehörige Blechscharnier durch ein geöstes Blech ergänzt und auf der Rückseite des Silberbandes angelötet werden mußte. Auch die obere Riemenzunge aus Bronze ist nur ein billigerer Ersatz für ein während der Benutzungszeit verlorengegangenes Original. Ursprünglich saß an ihrer Stelle ebenso wie unten eine mit Schwefelsilbereinlagen geschmückte Riemenzunge aus Silber. Der Befund in Grab 608 ist wichtig für die Interpretation einer anderen, außerordentlich variantenreichen Fundgruppe: der sog. durchbrochenen „Zierscheiben" aus Bronze. Sie wurden als Verschlüsse von Frauenhandtaschen oder von am Gürtel getragenen Beuteln gedeutet, wobei man sich bei der Renkonstruktion an spätmittelalterlichen „Vorbildern" orientierte. In Wirk-

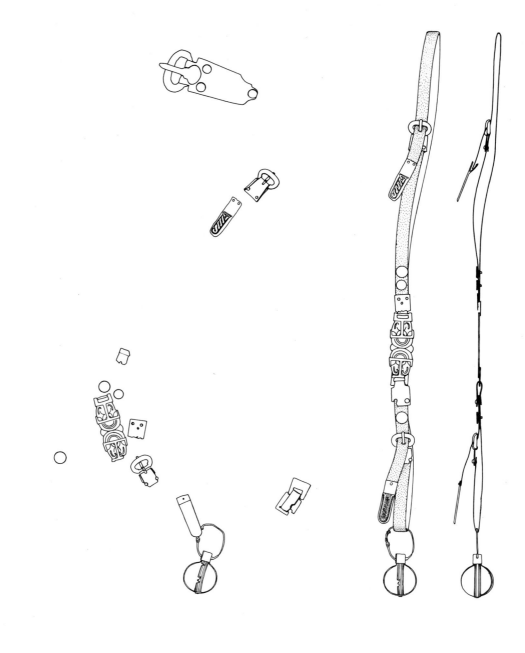

Abb. 11
München-Aubing. Amulettanhänger und Gehängebesatz aus Frauengrab 608. Durchmesser der Rauchtopaskugel 2,7 cm.

◀ *Abb. 10*
München-Aubing. Befundlage des Amulettgehänges in Grab 608 (links) und Rekonstruktion (rechts). M. etwa 1:3.

Abb. 12
Abb. 12
München-Aubing. Befundlage (links)
und Rekonstruktion (rechts) des Amulett-
gehänges aus Grab 765. M. etwa 1:3.

lichkeit handelt es sich auch bei den frühmittelalterlichen Scheiben um Amulette, die keine praktische Funktion hatten.

Abb. 12 u. 13 Im Aubinger Grab 765 wurde eine derartige Amulettscheibe zwischen den Unterschenkeln gefunden. Sie lag – und zwar auch im eigentlichen Wortsinn – in Zusammenhang mit einem Bronzeschnällchen und einem Doppelscharnierband, war also vergesellschaftet mit einer ganz ähnlichen Garnitur wie die Amulettkugel im zuvor beschriebenen Grab 608, wobei in diesem Falle sogar noch ansehnliche Reste des Bandes erhalten waren: ein etwas über 1 cm breites Lederriemchen, das um den äußersten Randsteg der Scheibe geschlungen war.

24

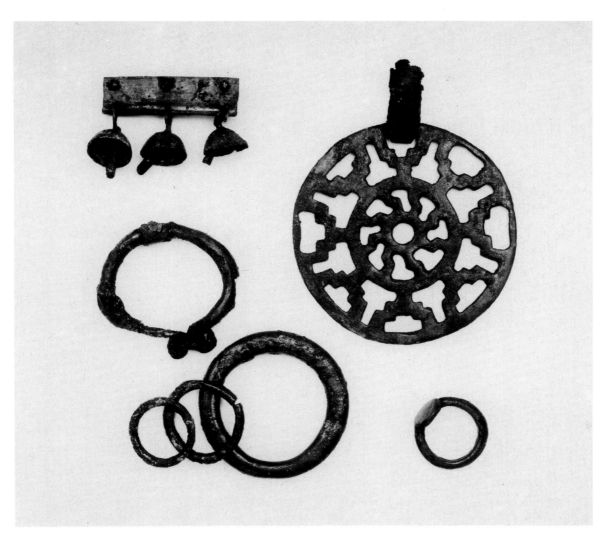

Abb. 13
München-Aubing. Links oben und unten: Glöckchenamulett und bronzene Amulettringe aus
Grab 636. – Mitte und rechts oben: Eiserner Amulettring und „Zierscheibe" aus Grab 765. –
Durchmesser der Scheibe ca. 8,2 cm.

Sein eines Ende führte zum Schnallenbügel, während das andere direkt zum unteren Ende des Schnarnierbandes gelaufen sein muß. Dort war es mit einem weiteren Riemchen vernietet, das vom Beschlägteil der kleinen Schnalle heranführte.

Obwohl insgesamt nur aus weniger Teilen bestehend als das Ensemble aus Grab 608 (es fehlen hier die Riemenzungen und ein zweites Schnällchen), dürfte das Gehänge aus Grab 765 vollständig auf uns gekommen sein. Seine einfachere und billigere Ausführung spiegelt den etwas geringeren Besitzstand der damit ausgestatteten Frau wieder, der auch in den meisten übrigen Beigaben zum Ausdruck kommt: einfacheren Glasperlen, einem eisernen Haarpfeil mit Silbermanschetten, einer Bronzscheibenfibel (von der freilich eine einst im Zentrum befindliche quadratische Zelleneinlage abgefallen sein dürfte) und einem Paar silberne Körbchenohrringe.

Die Bedeutung der einzelnen Amulette ist nur unvollkommen bekannt. Auch wenn das gelegentlich bestritten wird, müssen wir annehmen, daß man sich von ihnen jeweils eine ganz spezielle Wirkung erhoffte. Wie anders wäre es sonst zu erklären, daß gleichzeitig mehrere Amulette nebeneinander (und übrigens Abb. 12 u. 13 jeweils an separaten Gehängen) getragen wurden. So lag in Grab 765 oberhalb von dem scheibenförmigen Amulett aus Bronze, das zweifellos als Symbol der Sonne angesprochen werden darf, ein ovaler offener Eisenring, mit eingerollten Abb. 13 Enden. Aus Grab 636 liegt eine ganze Reihe von bronzenen Amulettringen unterschiedlicher Größe vor, darunter ein Fingerring. Daneben fand sich aber auch ein an einem breiten Band getragenes Gehänge mit drei Bronzeglöckchen. Ihr Geklingel sollte wohl böse Geister vertreiben und auf diese Weise die Trägerin schützen.

Zur Ausstattung dieser noch sehr jungen Frau gehörte neben einer bronzenen Scheibenfibel mit goldgefaßter Glasauflage eine Halskette mit unzähligen Abb. 7 Glasperlen und einem goldenen Brakteatenanhänger. Er zeigt einen Oranten: einen bärtigen Mann mit zum Gebet erhobenen Händen. Man wird diesem Motiv einen symbol- oder amuletthaften Charakter ebensowenig absprechen können wie den figürlichen oder geometrischen Ornamenten auf metallenem Zubehör der Männer- und Frauentracht, auch wenn wir die Bedeutung im

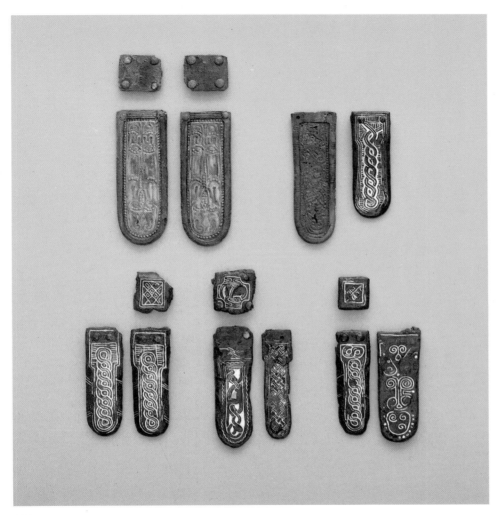

Abb. 14
München-Aubing. Besatzpaare von Wadenbinden der baiuwarischen Frauentracht des 7. Jahrhunderts. Verloren gegangene Teile wurden während der Benutzungszeit durch beliebige Stücke – sogar aus anderem Material – ersetzt. Länge der spiralverzierten Riemenzunge unten rechts 6,5 cm.

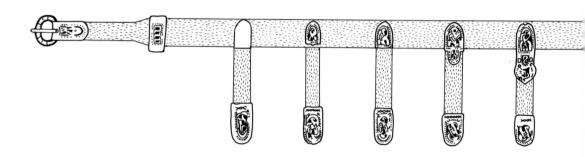

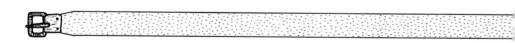

Abb. 15
München-Aubing. Rekonstruktionen von vier Männergürteln des 6. und 7. Jahrhunderts nach den Befunden in den Gräbern 218, 585, 581 und 787. M. 1:4.

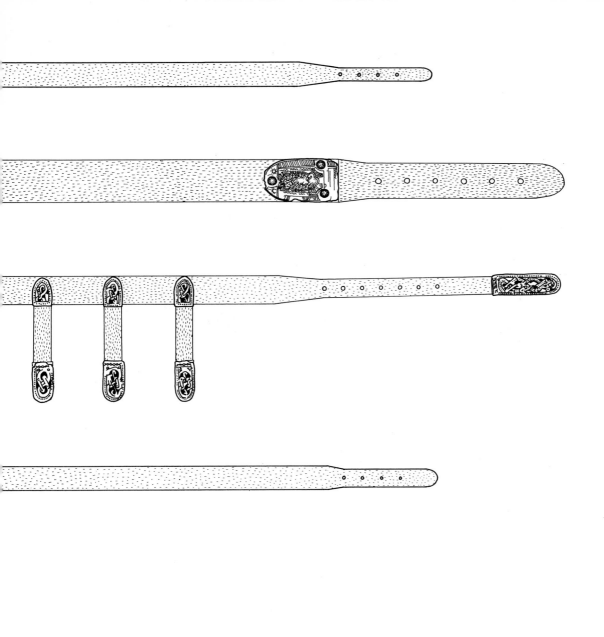

Abb. 16
München-Aubing. Gürtelzubehör aus vier Männergräbern. Eisen mit Silber- und Messingfäden tauschiert. Die Ziermuster umfassen Flechtbänder, Tierornamente und menschliche Masken. Länge des Beschläges unten rechts 7,8 cm.

Einzelfall nicht kennen. Wir wollen von letzteren nur die Riemenzungen und -besatzstücke der weiblichen Beinbekleidung herausgreifen, die auf einem Holzkern mit silbernen und bronzenen Preßblechen belegt sind oder in eiserner Ausführung Silber- und Messingeinlagen tragen. Daß die unterschiedliche Ausführung übrigens gleichzeitig einen Qualitätsunterschied bedeutet, geht daraus hervor, daß man verlorene Preßblechzungen durch eiserne ersetzte, die offenbar leichter zu beschaffen waren. Tatsächlich gehörten diese Dinge zur Alltagstracht der Frau. Nicht anders wäre sonst das häufige Auftreten „ungleicher Paare" zu erklären.

Abb. 14

Es ist auffällig, daß symbolhafter heidnischer Schmuck in wachsender Zahl auftritt in einer Zeit, wo man nach den spärlich fließenden historischen Nachrichten mit christlichen Einflüssen zu rechnen hat. Freilich ist dabei nicht auszuschließen, daß man ursprünglich vorchristlichen Motiven eine neue Bedeutung unterschoben hat. Eine Entscheidung ist im Einzelfall aber oft nicht zu treffen.

Bei der Männertracht boten die Beschläge des Gürtels Raum für symbolhaftes Zierwerk. Während die Männergürtel anfangs mit relativ einfachen Schließen aus Silber, Bronze oder Eisen ausgestattet waren, werden im späteren 6. Jahrhundert breitere dreiteilige Garnituren üblich, die im 7. Jahrhundert durch vielteilige Ensembles abgelöst werden. Letztere gehören zum Wehrgehänge des Sax, des einschneidigen Schwertes der Merowingerzeit. Gegen Ende des Jahrhunderts trat dann wieder eine Vereinfachung ein, wobei die Schnallenbeschläge dann übrigens auch meist ohne weitere Verzierung blieben.

Abb. 15 u. 16

Totenpfähle und Grabbauten

Allein schon der geordnete Belegungsgang auf vielen Reihengräberfeldern deutet darauf hin, daß die Lage der einzelnen Gräber über längere Zeit bekannt geblieben sein muß. Ob sie, so wie es bei uns üblich ist, eine entsprechende Pflege erfahren haben, wissen wir freilich nicht. Anzunehmen ist es schon, denn noch zur Zeit des hl. Bonifatius wurden Strafen gegen „Gottlosigkeiten, welche bei den Gräbern der Verstorbenen getrieben werden", verhängt.

Die Tatsache, daß in manchen Fällen neben einer Ecke des Grabschachtes (meist am Fußende) Pfostengruben zu beobachten waren, könnte dafür sprechen, daß in solchen Fällen hölzerne Stelen zum Gedächtnis der Toten aufgestellt waren. Der Nachweis der einzelnen Grabschächte und erst recht solcher kleiner dimensionierten Eingrabungen war erst im anstehenden hellen Kies möglich. Da die entsprechenden Pfahlgruben, die wir gefunden haben, nur wenige Zentimeter in den ungestörten Kiesuntergrund hinab reichten, der erst etwa 0,5–1,0 m unter der heutigen Oberfläche anstand, ist es möglich, daß entsprechende Pfähle einstmals viel häufiger vorhanden waren, sich wegen geringerer Eingrabungstiefen aber einem Nachweis entzogen haben.

Daß sich diese Pfahlsetzungen nicht zufällig (etwa als Siedlungsreste aus viel älterer Zeit) an diesen Stellen fanden, darauf deutet der Befund bei Grab 764 hin. Hier standen entsprechend seicht eingegrabene Pfähle oder Pfosten an allen vier Ecken des Grabes, so daß man eine regelrechte Überbauung durch eine Art Grabhäuschen voraussetzen darf. Entsprechende Totenmemorien sind aus der Zeit des spätantiken und frühmittelalterlichen Christentums bekannt. Doch diese wurzeln zweifellos in vorchristlichem Totenbrauchtum. Auch die germanischen Volksrechte enthalten Strafbestimmungen für die Zerstörung *des Grabmals über einem toten Mann . . .* oder *das Zerhauen der Überbrückung* über dem Toten. Der Pactus legis Salicae aus merowingischer Zeit verfügt (55,6): *Si quis basilicam exspoliaverit desuper hominem mortuum, mallobergo chreotarsino, solidos XXX culpabilis iudicetur. Wenn einer eine Basilika über einem toten Mann ausplündert – gerichtlich Leichenplünderung – werde er 30 Schillinge zu schulden verurteilt.*

Abb. 17

Abb. 18

Abb. 17
Entstehung einer Bodenverfärbung: Die Gerüstpfosten der vor- und frühgeschichtlichen Häuser waren meist fest im Boden verankert. Ihre Baugruben unterscheiden sich vom umgebenden Untergrund durch die mit Humus durchsetzte Einfüllung. Auch der Pfosten selbst kann sich nach dem Verrotten als dunkler Fleck abheben. Nach der Entfernung der Humuszone können durch sorgfältiges Säubern der Grabungsfläche die Grundgefüge ganzer Gebäude sichtbar gemacht werden.

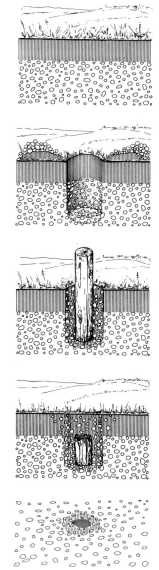

Abb. 18
München-Aubing. Rekonstruktionsvorschlag für einen Grabbau über Grab 764; Ansicht von Südosten. M. des Grundrisses 1:100.

Eine christliche Kapelle?

Abb. 19,1 u. 20

Nicht mit einem einzelnen Grab in Verbindung zu bringen ist ein kleiner Pfostenbau von 6,5 m Länge, der an der Südostecke des Aubinger Gräberfeldes festgestellt wurde. Sein Grundgerüst wurde von 8 mächtigen Pfosten gebildet, die knapp 1,3 m tief – gemessen von der heutigen Oberfläche – eingegraben waren. An der Südseite zeichneten sich noch die Pfosten selbst innerhalb der größeren Baugruben als dunklere Verfärbungen ab. Die Gerüstpfosten standen paarweise in gegenseitigem Abstand von etwa 1,8 m; lediglich das westlichste Paar war mit ca. 1,4 m Abstand deutlich näher zusammengerückt.

Die Interpretation des kleinen Bauwerks macht aus verschiedenen Gründen Schwierigkeiten, zumal für seine Datierung keinerlei Fundeinschlüsse aus den Pfostengruben zu finden waren. Sein Grundriß überschneidet sich mit einer anderen Pfahlsetzung aus vermutlich 3 Pfostenpaaren, die jedoch nur 0,3–0,55 m tief eingegraben waren und sich dadurch von dem ca. 1 m tiefer gegründeten Achtpfostengerüst deutlich absetzen. Zu allem Überfluß wurden in der Nachbarschaft (abgesehen von den Reihengräbern) auch zwei Gräber der frühen Bronzezeit gefunden, mit denen unser Gebäude ebenfalls in Zusammenhang stehen könnte. Denn in einem Gräberfeld der frühen Bronzezeit bei Raisting (Ldkr. Weilheim) waren offenbar tatsächlich den einzelnen Grabgruppen kleine Pfostenbauten zugeordnet, die mit dem damaligen Totenbrauchtum in Verbindung zu stehen scheinen.

Abb. 19,2
Abb. 19,3

Im Falle der Aubinger Gebäudespuren dürfte jedoch nur der kleinere Grundriß mit den prähistorischen Gräbern in Zusammenhang stehen, der größere dagegen mit dem bajuwarischen Gräberfeld des frühen Mittelalters. Denn es kann kein Zufall sein, daß die frühmittelalterlichen Gräber den Standort dieses Gebäudes aussparen, was die exponierte Lage des Grabes 534 noch besonders verdeutlicht. Damit ist für den Zeitpunkt der Errichtung des kleinen Bauwerkes

Abb. 21

aus der Zeitstellung der unmittelbar benachbarten Gräber (Nr. 529–532 u. 534) ein genauerer Anhalt zu gewinnen: Sie gehören nach ihren Beigaben dem späten 7. und frühen 8. Jahrhundert an. Zu dieser Zeit hat der Holzbau demnach vermutlich bereits bestanden.

Was seine Funktion angeht, gibt es natürlich keine unmittelbaren Anhaltspunkte. Bei der Erstveröffentlichung wurde 1966 die Deutung als christliche Kirche vertreten. Diese Interpretation hat durch die Entdeckung einer weiteren, durch ihren charakteristischen Grundriß zuverlässig deutbaren Holzkirche des 7. Jahrhunderts auf dem Reihengräberfeld von Staubing (Ldkr. Kelheim) im Jahre 1971 noch erheblich an Wahrscheinlichkeit gewonnen. Am Rande der Gemarkung von Staubing wurde – nach der freilich nicht verbürgten Klostertradition im frühen 7. Jahrhundert – durch irische Missionare das Kloster Weltenburg gegründet. Es ist nicht auszuschließen, daß auch das kleine Holzgebäude am Rande des Aubinger Gräberfeldes ein Zeugnis dieser frühen irischen Mission ist. Von zwei frühmittelalterlichen Gräberfeldern in Irland und Schottland wurden nämlich inzwischen ähnliche kleine Holzbauten bekannt. Sie wurden im 8. Jahrhundert durch Steinkirchen ersetzt, was in diesen Fällen natürlich die Interpretation erleichtert. Demgegenüber sind die Holzbauten von Aubing und Staubing ohne Nachfolger an Ort und Stelle geblieben. Ihre Tradition setzen die jeweiligen Ortskirchen fort, die im 8. Jahrhundert bei der Aufgabe der Reihengräberfelder dann auch die Sepulturen an sich gezogen haben.

Der Deutung des Aubinger Achtpfostenbaues als christliche Kirche steht auch nicht entgegen, daß die unmittelbar benachbarten Gräber keinerlei Beigaben christlichen Charakters – wie Kreuze zum Annähen oder als Anhänger und Schmuckstücke mit christlichen Symbolen – enthielten. Derartige Funde sind außerordentlich selten und fehlen übrigens auch in den teilweise reich ausgestatteten Gräbern bei und in den ältesten Vorläufern der Peterskirche von Aschheim beinahe ganz (siehe S. 121). Eher ist das allmähliche Erlöschen der Beigabensitte im jüngsten Aubinger Gräberhorizont als Auswirkung der christlichen Jenseitsvorstellungen zu interpretieren. Und so wird man beispielsweise auch den erwachsenen männlichen Toten in Grab 699 getrost als Christen ansprechen dürfen, der völlig beigabenlos, aber mit gefalteten Händen, in der Grube lag.

Abb. 22

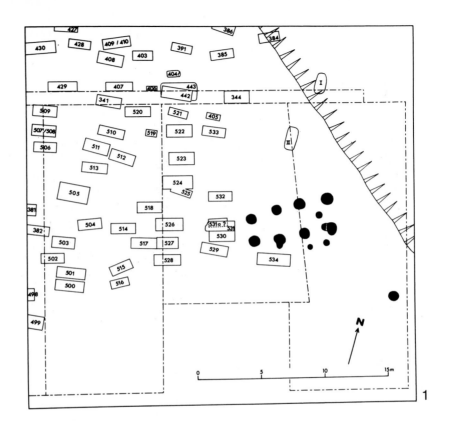

Abb. 19
München-Aubing. Ausschnitt vom Südostteil des Reihengräberfeldes. 1 Gesamtbefund; 2 Gräber und Gebäudegrundriß der Bronzezeit; 3 baiuwarische Reihengräber und Kapelle des frühen Mittelalters. M. 1:300.

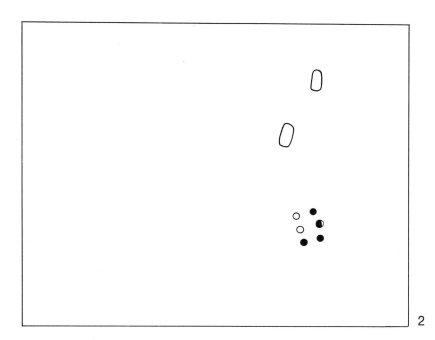

2

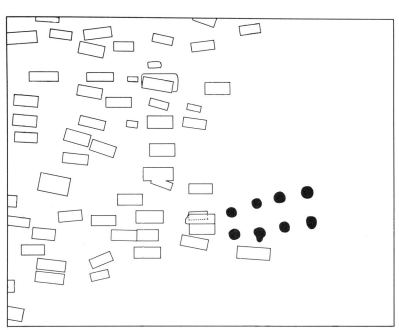

3

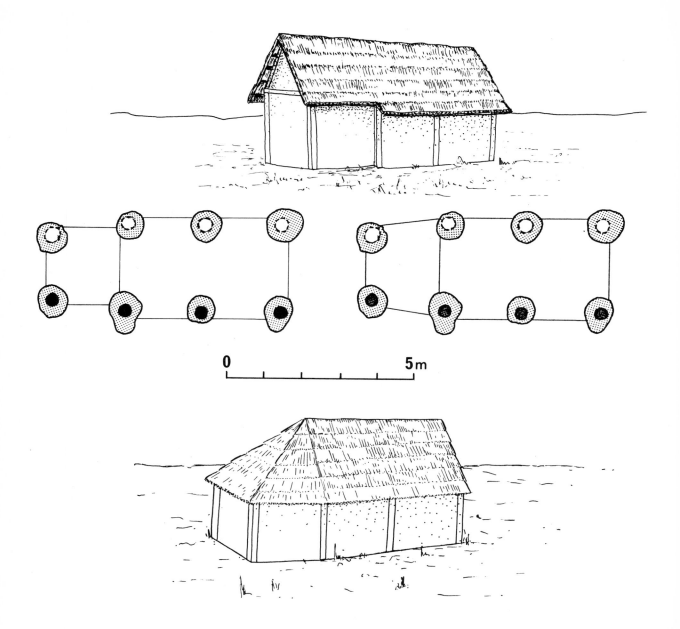

0   5m

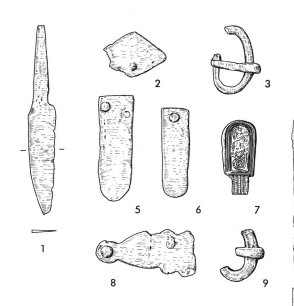

Abb. 21
München-Aubing. Die Beigaben aus den Gräbern 531 (1) und 534 (2–9) geben einen Hinweis darauf, daß die kleine Kapelle am Randes des Reihengräberfeldes spätestens im fortgeschrittenen 7. Jahrhundert errichtet worden sein muß. 1–3. 5–9 M. 1:2; 4 M. 1:5.

◀ *Abb. 20*
München-Aubing. Für die Rekonstruktion der kleinen Kapelle gibt es mehrere Möglichkeiten. Unter der Voraussetzung, daß der Bau gewestet war, könnte ein quadratischer Chor vorgelegen haben (1). Wahrscheinlicher jedoch wollte man durch die Engerstellung der beiden westlichsten Pfosten eine apsidiale Rundung andeuten (2). Eine derartige Umsetzung einer Bauform aus der Steinarchitektur wurde auch in Herrsching, Ldkr. Starnberg, nachgewiesen (vgl. Abb. 110). Ansichten von Südwesten. M. der Pläne 1:100.

Abb. 22
München-Aubing. Dem beigabenlos bestatteten männlichen Toten in Grab 699 wurden die Hände gefaltet. Wir dürfen deshalb annehmen, daß er sich zum christlichen Glauben bekannt hat.

Ein Reihengräberfeld in Garching, Ldkr. Altötting

Entdeckung und Ausgrabung

Ende Februar 1972 überbrachte ein Garchinger Volksschüler dem ehrenamtlichen Mitarbeiter der bayerischen Bodendenkmalpflege Hauptlehrer i. R. Josef Dirscherl († 1982) eine eiserne Spatha. Der Finder hatte sie am Rande einer Baugrube aus dem Erdreich gezogen. Die sofortige Nachschau ergab, daß hier ein baiuwarisches Gräberfeld des frühen Mittelalters angeschnitten worden war. Bei der unmittelbar anschließenden ersten Notbergung durch J. Dirscherl und bei einer in zwei Etappen im Frühjahr 1972 bzw. 1973 durchgeführten Notgrabung durch die Prähistorische Staatssammlung wurden noch insgesamt 119 Gräber mit etwa 135 Bestattungen festgestellt. Berücksichtigt man die Verluste, die beim Aushub der ersten Baugrube eingetreten sind, dann wird man die Gesamtbelegung auf 155–160 Gräber schätzen dürfen. Sie erstreckte sich nach dem Zeugnis der Beigaben auf die Zeit zwischen etwa 540/550 und mindestens 720/730.

Da für die Untersuchungen praktisch keine Geldmittel zur Verfügung standen, mußten die amtlichen Bergungen in aller Eile durchgeführt werden. Dabei stellte sich heraus, daß bereits vorher beim Abschieben der bedeckenden Humusschicht oder durch die Gräben für Versorgungsleitungen der entstehenden Hausbauten eine Reihe von Gräbern angeschnitten und beschädigt worden waren. Zu allem Überfluß zerstörten auch sogenannte Heimatfreunde noch während der laufenden Grabungen aus eigennützigen Motiven einige Bestattungen.

Mindestens 24 ungestörte Gräber, also etwa 20 % der einigermaßen gut beobachteten Bestattungen (und damit allemal 15 % der vermuteten Gesamtzahl) waren von Anfang an beigabenlos geblieben. Dafür kann es verschiedene Gründe geben, auf die wir später noch zu sprechen kommen müssen.

Amulette

Abb. 23

Von den Beigaben der Frauen sei hier nur auf das Gürtelgehänge aus Grab 82 hingewiesen. Es war ausgestattet mit einem zweiseitigen Knochenkamm in einem nach der Restaurierung teilweise wieder beweglichen Klappfutteral, einem scheibenförmigen Knochenamulett, das nach Art einer Bronzezierscheibe verziert ist und das wohl die selbe symbolhafte Bedeutung als Abbild der Sonne hatte wie diese, und einem Schneckengehäuse. Das Schneckengehäuse stammt von einer Caurischnecke, die im Roten Meer beheimatet ist. Von der Garchinger Baiuwarin wurde es als Fruchtbarkeitsamulett getragen, das reichen Kindersegen garantieren sollte. Auch die mit einem Flechtband und einem Tierkopfpaar geschmückte Riemenzunge hatte im gegebenen Zusammenhang offenbar keine praktische Funktion. Ein mit derben Hieben durch ihre Mitte getriebenes Loch sollte eine einfache Montage am Amulettgehänge ermöglichen. Zusammen mit zwei weiteren ebenfalls gelochten unvollständigen und unverzierten Teilen bronzenen Riemenzubehörs diente sie als

Abb. 13

„Klapperblech" und hatte damit dieselbe Bedeutung wie das beschriebene Glöckchenamulett aus Aubing.

Eine magische Wirkung wird auch einer „fabrik"frischen Perle aus Speckstein beigemessen worden sein, die im Männergrab 10 unter der Spitze des Sax

Abb. 25,2

gefunden wurde. Sie hat die doppelkonische Form der tönernen Spinnwirtel, die jedoch eine typische Frauenbeigabe sind. Da im Aubinger Männergrab 581 ein derartiger Tonwirtel als magischer Schwertanhänger einer Spatha bezeugt

Abb. 25,1

ist, darf man dem vorliegenden Garchinger Stück eine entsprechende Bedeutung zubilligen. Sofern es nicht zur Ausstattung des einschneidigen Schwertes gehört haben sollte (was ziemlich unwahrscheinlich ist), wird es als pars pro toto, als stellvertretend für das zweischneidige Schwert und sein gesamtes Wehrgehänge, in das Grab gelegt worden sein. Dasselbe gilt für einen Tonwirtel

Abb. 25,3

aus dem Saxgrab 82 von Pähl.

Von der Schneide des erwähnten Sax in dem Garchinger Grab 10 haben sich

Abb. 24

lediglich vier bronzene Scheidennägel von ungewöhnlicher Form erhalten. Ihre Köpfe sind zu rechteckigen Platten erweitert, die eine im Gußverfahren

Abb. 23
Garching, Ldkr. Altötting. Ausstattung des Gürtelgehänges der Frau in Grab 82 mit Cauri-schnecke, Amulettscheibe, Riemenzunge und Kamm in Klappfutteral. Länge der Riemenzunge 7,2 cm.

Abb. 24

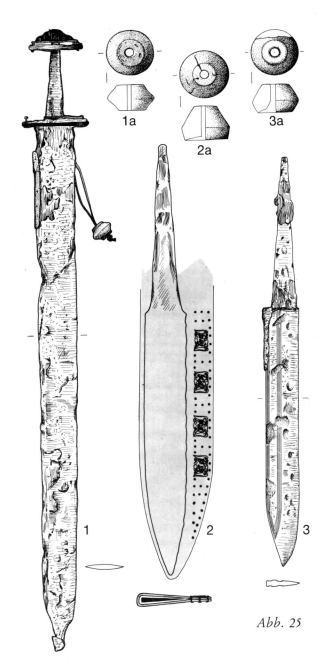

1a   2a   3a

1   2   3

Abb. 25

Abb. 26
Garching, Ldkr. Altötting. Schnalle und Riemenzubehör vom Wehrgehänge des einschneidigen Schwertes aus Grab 10. Bronze, gegossen. Breite des Schnallenbügels 4,7 cm. Die unterschiedlichen Ziermuster zeigen an, daß die einzelnen Teile ursprünglich für 2 oder 3 verschiedene Gürtel hergestellt worden waren.

◄ Abb. 24
Garching, Ldkr. Altötting. Verzierte Bronzenägel von der Scheibe des einschneidigen Schwertes aus Grab 10. Länge der Platte 2,8 cm.

◄ Abb. 25
Eisenwaffen mit magischen Anhängern. 1 Spatha mit Tonperle aus München-Aubing Grab 581; 2 Sax mit Specksteinperle aus Garching, Ldkr. Altötting, Grab 10; 3 Sax mit Tonperle aus Pähl, Ldkr. Weilheim-Schongau, Grab 82. 1a–3a M. 1:2,5; 1–3 M. 1:5.

hergestellte Tierornamentik ziert. Sie sind stark abgenutzt, was darauf
hindeutet, daß das Schwert lange Zeit getragen worden ist. Auch am Wehrgehänge sind Gebrauchsspuren festzustellen. Es trug elf Riemenzungen und
-besatzstücke aus Bronze, deren Verteilung und Montage am Riemenwerk man
sich ähnlich wie bei den Aubinger Eisengarnituren vorzustellen hat. Die
unterschiedlichen Ornamente zeigen allerdings, daß die Gürtelausstattung aus
zwei oder gar drei verschiedenen Serien zusammengesetzt wurde, und daß
ursprünglich wohl keine von ihnen für die Saxscheide bestimmt war, mit der
zusammen sie in Grab 10 gefunden worden sind.

Die uneinheitliche Ausstattung dieses Grabes wirft ein Licht auf die Verhältnisse, in denen die agilolfingerzeitlichen Bewohner Garchings gelebt haben.
Man mußte sich mit allerlei Notbehelfen zufrieden geben, wußte sich aber doch
einzurichten. Jedenfalls deuten die Beigaben insgesamt nicht auf besonderen
Wohlstand hin.

Abb. 26

Abb. 15

Waffenausstattung der Gräber und Belegungsablauf

Umso auffälliger ist die vergleichsweise gute Bewaffnung der Männergräber,
besonders der des 6. Jahrhunderts. In den 20 archäologisch bestimmbaren und
datierbaren Männergräbern fanden wir drei Lanzenspitzen recht unterschiedlicher Form, zehnmal Hinweise auf die Beigabe eines einschneidigen Schwertes,
des sog. Skramasax, und maximal fünfmal auf die Beigabe der Spatha, des
zweischneidigen Schwertes. Nur einmal allerdings, nämlich in dem im ersten
Drittel des 7. Jahrhunderts angelegten Grab 95 waren anscheinend beide
Schwertgattungen gemeinsam beigegeben worden. Beide Schwerter waren in
diesem Fall jedoch später von Grabräubern wieder weggenommen worden.
Die zeitliche Verteilung der Waffen läßt übrigens deutlich eine zunehmende
Qualitätsabnahme der Ausstattungen erkennen: Dreimal wurde die Spatha im
letzten Drittel des 6. Jahrhunderts beigegeben, dagegen nur einmal ein Sax; nur
je einmal finden sich Spathas im ersten und dritten Drittel des 7. Jahrhunderts.
Das älteste Waffengrab aus der Mitte des 6. Jahrhunderts enthielt Lanze und

Abb. 27

46

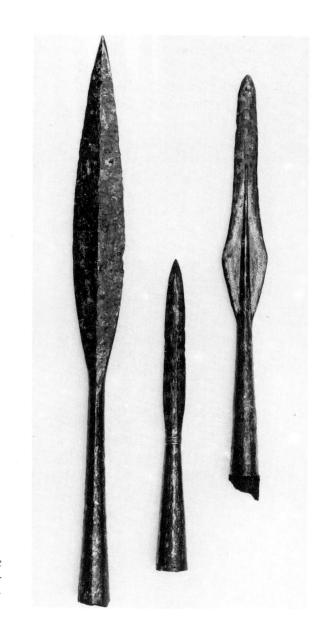

Abb. 27
Garching, Ldkr. Altötting. Eiserne Lanzenspitzen mit unterschiedlichen Blattformen aus drei Männergräbern. Die Spitze rechts trägt eine Stempelverzierung. Länge der linken Spitze 51 cm.

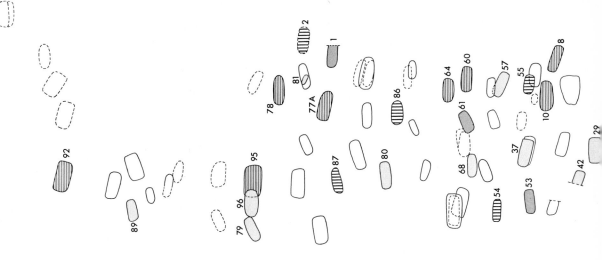

Mitte u. 2. Hälfte des 6. Jahrhunderts

1. u. 2. Drittel des 7. Jahrhunderts

spätes 7. Jahrhundert u. um 700

beigabenlos

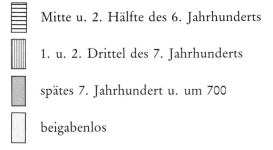

Abb. 28
Garching, Ldkr. Altötting. Die Verteilung der Waffengräber und der beigabenlosen Bestattungen
im Reihengräberfeld.

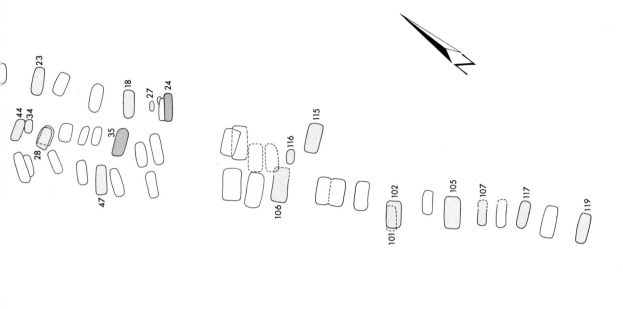

Sax. Aus dem ersten Drittel des 7. Jahrhunderts liegen vier Saxe vor, aus den folgenden 100 Jahren jedoch insgesamt ebenfalls nur vier.

Abb. 31
Abb. 28
Die Gräber des Garchinger Reihengräberfeldes sind entlang der Niederterrassenbucht über der Alz, unmittelbar vor dem Steilabfall aufgereiht. Die Belegung des Friedhofes begann, wie die Kartierung der datierbaren Männergräber zeigt, um die Mitte des 6. Jahrhunderts mit Grab 2 im nördlichen Drittel und dehnte sich während der zweiten Jahrhunderthälfte bis etwa zur Mitte hin nach Süden aus. Während der ersten Hälfte des 7. Jahrhunderts ist eine Aufspaltung erfolgt: Es bildete sich jetzt deutlich eine Belegungsgruppe in der Mitte des Gräberfeldes heraus, während eine weitere Gruppe etwas lockerer über das leider arg bruchstückhaft überlieferte nördlichste Friedhofsviertel, nördlich vom ältesten Grab verstreut liegt. In den jüngeren Belegungsphasen des Gräberfeldes scheint sich die Belegung beider Gruppen nach Süden verlagert zu haben: Die nördliche begräbt ihre Toten jetzt südlich von Grab 2 (Gräber 1, 77A, 61), die andere bestattet in der Mitte des Gräberfeldes und

Abb. 29 u. 30
südlich davon (Gräber 53, 35 und 24).

Arme oder Christen?

Abb. 28
In dieses Bild des theoretischen Belegungsablaufes fügt sich auch die Lage der auffällig großen Zahl von beigabenlosen Gräbern. Sie sind ziemlich gleichmäßig über die gesamte südliche Gräberfeldhälfte verteilt. Dabei ist bemerkenswert, daß die spärlichen Schmuck- und Trachtzubehörfunde in den dort gefundenen wenigen Beigabengräbern auf die gleiche späte Anlagezeit hinweisen wie sie für die Saxgräber 24 und 35 angenommen werden muß. Es scheint dies anzudeuten, daß neben den beiden mit Waffenbeigaben vorwiegend im Südteil des Friedhofes bestattenden Familien, eine weitere, zahlenmäßig offenbar annähernd ebenbürtige Bevölkerungsgruppe, die den Toten nur wenige oder überhaupt keine Beigaben in die Gräber legen konnte, ihre ältesten Bestattungen in der Mitte des Friedhofes oder wenig südlich davon angelegt und dann in

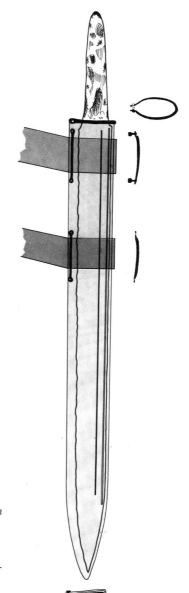

Abb. 29
Garching, Ldkr. Altötting. Silbertauschierter eiserner Sporen
aus Grab 35. Größte Spannweite des Bügels 9 cm.

Abb. 30
Garching, Ldkr. Altötting. Rekonstruktion der Scheidenauf-
hängung zum Langsax aus Grab 35. M. 1:5.

Abb. 31
Garching, Ldkr. Altötting. Ansicht von Südosten aus der Vogelschau (1961). im Vordergrund der „Ortsteil Untergarching mit der Fundstelle des Reihengräberfeldes längs der Terrassenkante (links oberhalbs der Straße). Freigeg. v. Reg. Präs. Münster Cr 1422/1.

bemerkenswerter Ordnung die Sepultur immer weiter südwärts ausgedehnt hatte.

Die Beigabenlosigkeit eines großen Teils der Garchinger Gräber könnte – das sei nicht verschwiegen – freilich auch andere Ursachen haben: Sie könnte in der zunehmenden Ausbreitung christlicher Jenseitsvorstellungen begründet sein. Eine solche Deutung scheint uns jedoch im vorliegenden Fall angesichts der erkennbaren Belegungsabfolge als alleinige Erklärung der Beigabenlosigkeit nicht auszureichen.

Garching in der Agilolfingerzeit

Die zum Gräberfeld gehörige Ansiedlung war zweifellos sehr klein und wird die Größe eines Weilers mit zwei oder drei Gehöften lange Zeit nicht überschritten haben. Obwohl unmittelbare Überreste bisher nicht gefunden worden sind, werden wir sie in nächster Nachbarschaft, nördlich der Fundstelle zu suchen haben. Dieser Ortsteil Garchings hieß noch mindestens bis um 1932 Untergarching. Ähnlich wie Mitter- und Obergarching bestand auch Untergarching damals aus nur wenigen, ziemlich locker verstreut liegenden Gehöften.

Abb. 31 u. 32

Das Gräberfeld der Agilolfingerzeit bezeugt, daß Untergarching bereits in der Mitte des 6. Jahrhunderts gegründet worden ist, und es besteht kein Zweifel, daß die weilerartige Hofgruppe in der Nachbarschaft der Kirche und die zugehörige Flur seitdem ohne Unterbrechung von einer bäuerlichen Bevölkerung bewohnt und bewirtschaftet worden sind. Es besteht Grund zu der Annahme, daß auch andere Teile des heute weit ausufernden Ortes auf ein ähnliches Alter zurückblicken können.

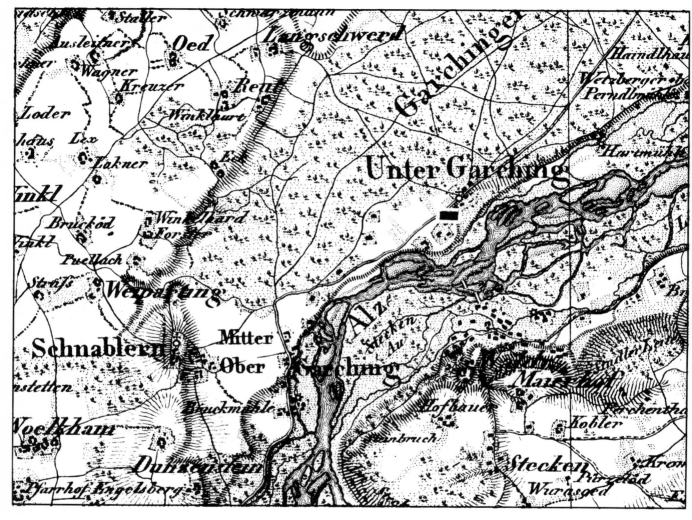

Abb. 32

Garching, Ldkr. Altötting. Links: Lage des Reihengräberfeldes im Siedlungsbild des 19.
Jahrhunderts; rechts: Siedlungskarte der Gegenwart. M. 1:25000. (Kartengrundlagen:
1 Topograph. Atlas von Bayern 1812 ff. Blatt 79 West; 2 Topograph. Karte von Bayern Blatt 7841).

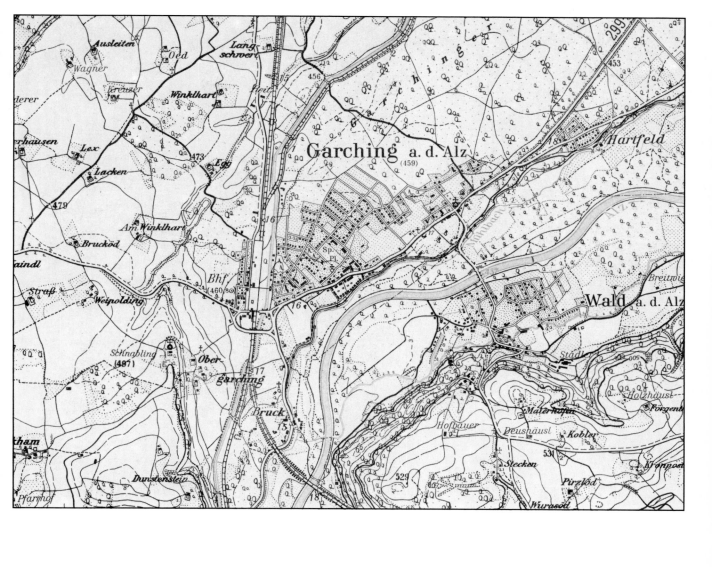

Abb. 33
Pähl, Ldkr. Weilheim–Schongau. Der Schalkenberg von Nordosten.

Die Reihengräber von Pähl
Entdeckung und Ausgrabung

Etwa 700 m nördlich der Pfarrkirche von Pähl (Ldkr. Weilheim) wurde im Jahre 1921 beim Kiesabbau am Südfuß des markanten Drumlins „Schalkenberg" ein spätrömisches Beigabengrab entdeckt. Als rund 40 Jahre später, 1960 und 1973, bei der Kiesentnahme dort erneut Skelette beobachtet wurden, brachte man diese deshalb mit dem früheren Fund aus der späten Kaiserzeit in Zusammenhang. Die Überprüfung durch die „Archäologische Kommission zur Erforschung des spätrömischen Rätien bei der Bayerischen Akademie der Wissenschaften" im Februar 1973 ergab jedoch, daß es sich bei den Neufunden in Wirklichkeit um baiuwarische Gräber der späten Merowingerzeit handelte. Zugleich zeigte sich an der senkrecht abfallenden Kiesgrubenwand, daß auf dem kleinen Hügelplateau mit einer Fortsetzung des Gräberfeldes zu rechnen war. Insgesamt konnten damals vier Gräber festgestellt und noch teilweise untersucht werden. Es entstand der Eindruck, daß am Schalkenberg – ähnlich wie am östlichen Ortsrand von Wielenbach – ein spätmerowingerzeitlicher Friedhof vielleicht eines Einzelhofes angelegt worden war. Um weiteren Einbußen vorzubeugen, wurde im April 1975 durch die Prähistorische Staatssammlung die unmittelbare Randzone des Hügelplateaus systematisch untersucht. Im Oktober des selben Jahres konnte ferner durch einen senkrecht zum Kiesgrubenrand quer über den Hügel führenden breiten Grabungsschnitt festgestellt werden, daß sich die Belegung mit Gräbern tatsächlich über das gesamte Plateau nach Norden erstreckte. Insgesamt wurden 1975 weitere 37 Gräber ermittelt. Vor allen Dingen stellte sich nun aber auch zu unserer Überraschung heraus, daß sich die Belegung des Gräberfeldes erheblich über die späte Merowingerzeit bis weit in das 6. Jahrhundert zurück erstreckte.

Die nun umso wünschenswerteren ergänzenden Grabungen konnten erst im Herbst 1977 und im Frühjahr 1978 durchgeführt werden. Dabei erhöhte sich die Zahl der am Schalkenberg nachgewiesenen Bestattungen auf rund 100. Ihre

Abb. 33

Anlage erfolgte spätestens seit der Mitte des 6. Jahrhunderts bis zum frühen 8. Jahrhundert. Die Belegung umfaßte also rund 150–180 Jahre und damit den Zeitraum von etwa sechs Generationen.

Es mag vielleicht überraschen, daß eine vergleichsweise so bescheidene archäologische Unternehmung nicht in einem Zuge durchgeführt worden ist. Dies war der Prähistorischen Staatssammlung jedoch wegen ihrer zu geringen Ausstattung mit Personal und Sachmitteln damals nicht möglich. Denn die Grabungstechnikerin mußte die meiste Zeit des Jahres mit anderen musealen Aufgaben im Innendienst betraut werden, und ein eigener Grabungsetat stand dem Museum – wie auch heute noch – nicht zur Verfügung. Umso dringlicher war es, daß der Bezirk Oberbayern, die bereits genannte „Archäologische Kommission zur Erforschung des spätrömischen Rätien", der Landkreis Weilheim und nicht zuletzt die „Vereinigung der Freunde der bayerischen Vor- und Frühgeschichte" durch Bereitstellung zum Teil namhafter Summen die Grabungen ermöglichten.

Grabraub und Jenseitsvorstellungen

Die Geldgeber verhalfen zu Ergebnissen, die Interesse verdienen, und dies unter mancherlei siedlungs- und kulturgeschichtlichen Aspekten, obwohl eine erhebliche Zahl der Gräber – ähnlich wie auf dem Reihengräberfeld von Aubing – schon bald nach der Anlage wieder geplündert worden war. Allerdings konzentrierten sich die Grabräuber in diesem Falle auf die Gräber der Frauen. Es ist deshalb schwierig, die durch verbliebene Beigaben oder über eine anthropologische Bestimmung der Skelettreste identifizierbaren Frauengräber den einzelnen Belegungshorizonten eindeutig zuzuordnen. Aus Gräbern des 6.

Abb. 34

Abb. 35 u. 37

Jahrhunderts stammen zwei bronzene Gürtelschließen, Glasperlen und ein Paar silbervergoldeter Ohrringe mit polyedrischen Knöpfen. Zwei andere Frauengräber sind durch den silbertauschierten eisernen Metallbesatz der Wadenbinden dem 7. Jahrhundert zuzuweisen. Von besonderem Interesse ist ein halbkugelförmiges Amulett aus Knochen, das ganz offensichtlich aus der

Abb. 36

Gelenkkugel eines menschlichen Oberschenkels angefertigt worden ist. –

58

Abb. 34
Pähl, Ldkr. Weilheim-Schongau. Bronzeschließen aus Gräbern des 6. Jahrhunderts. Bügelbreite der mittleren Schnalle 3,8 cm.

Abb. 35
Pähl, Ldkr. Weilheim-Schongau. Silbervergoldete Ohrringe aus Grab 53 und Amulettperle aus Grab 41. Größter Durchmesser der Ohrringe 3,5 cm.

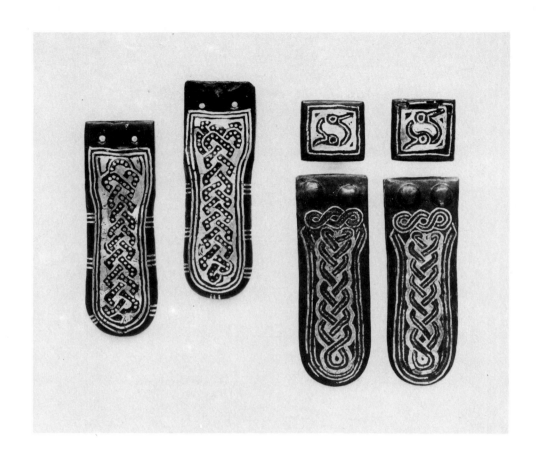

Abb. 36
Pähl, Ldkr. Weilheim-Schongau. Riemenzungenpaare der Wadenbinden aus zwei Frauengräbern des 7. Jahrhunderts. Eisen mit Silber- und Messingauflagen. Länge der Riemenzungen links
6,5 cm.

Abb. 37
Pähl, Ldkr. Weilheim-Schongau. Glasperlen aus zwei Frauengräbern. Durchmesser durch-
schnittlich 0,8 cm.

Glücklicherweise blieben die Männergräber vom Grabraub vielfach verschont. Dieser Umstand erleichtert die Beurteilung von Belegungszeitraum und -ablauf des Pähler Gräberfeldes ganz erheblich.

Abb. 33 u. 38 Bei der Auswahl des Friedhofgeländes war sicher die an einen großen Grabhügel gemahnende Form des „Schalkenberges" maßgebend; denn auch während des frühen Mittelalters bestattete man vereinzelt die Toten noch in Grabhügeln. Mit dem heutigen Namen der Örtlichkeit ist die Vorstellung verknüpft, daß sich hier im Mittelalter der Galgen befunden habe. Sicher verbürgt ist dies indessen wohl nicht. Es ist denkbar, daß die gelegentliche Auffindung von Gebeinen beim Kiesabbau zu dieser Ansicht geführt hat.

Abb. 38 u. 39 Trotz der beschränkten räumlichen Möglichkeiten wurden die Gräber in Reihen angeordnet. Dabei kam es aber über den langen Zeitraum der Belegung hin freilich zu einer Reihe von Überschneidungen, die die unbeabsichtigte Störung älterer Bestattungen durch jüngere zur Folge hatte. So ist es auch nicht auszuschließen, daß besondere Anlagen im unmittelbaren Umfeld der Gräber dabei zerstört worden sind. Zumindest ist aber – so weit diese überhaupt noch nachgewiesen konnten – ihre Zuordnung zu bestimmten Bestattungen heute nicht immer eindeutig zu treffen. Ähnlich wie auf dem Reihengräberfeld von München-Aubing fanden wir nämlich eine Reihe von Pfostengruben, die – an einer Ecke am Kopf- oder Fußende der Gräber – den Standort von Grabstelen anzeigen dürften. Bei drei Gräbern (Nr. 18, 21 und 30) ließen sich außerdem jeweils Pfostenpaare am Kopf- bzw. Fußende nachweisen. Vielleicht stammen

Abb. 18 sie von kleinen Grabhäuschen nach Art der Aubinger Totenmemoria.

Abb. 38
Pähl, Ldkr. Weilheim-Schongau. Topographische Aufnahme des „Schalkenberges" mit der Lage der Reihengräber. M. 1: 800 (Aufnahme H. Zantow, W. Eder 1983).

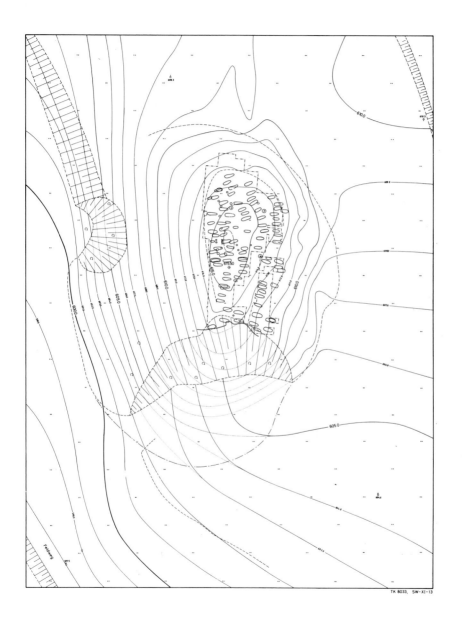

TK 8033, SW-XI-13

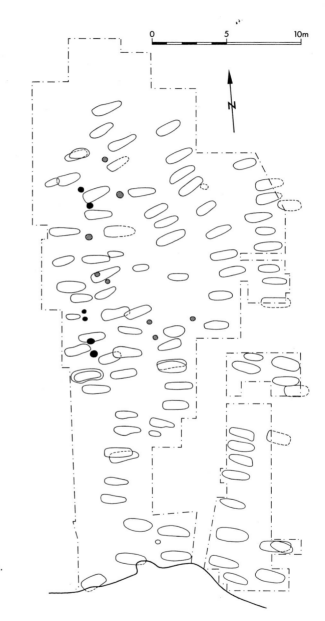

Abb. 39
Pähl, Ldkr. Weilheim-Schongau.
Plan des Reihengräberfeldes.
M. 1:250.

Zufälligkeiten der Überlieferung

Die besondere Geländesituation hat dazu geführt, daß der Platz des frühmittel-alterlichen Gräberfeldes zu allen Zeiten nur allenfalls extensiv landwirtschaft-lich genutzt worden ist. Der Hügel liegt heute inmitten einer Viehweide, und er selbst wird all die Jahrhunderte über so genutzt worden sein; jedenfalls stand er zu keiner Zeit unter dem Pflug.

Zu Beginn der Untersuchung fielen uns kleinere Unregelmäßigkeiten an der Hügeloberfläche auf. Sehr rasch stellte sich heraus, daß diese muldenförmigen Eintiefungen noch immer die Lage der eingesunkenen (und zum Teil ausge-plünderten) Gräber bezeichneten. Deshalb wurde ein Vermessungsfachmann mit der Aufnahme eines detaillierten Höhenschichtenplanes beauftragt. Die notwendigen Vermessungen wurden während der Grabung im Herbst 1975 durchgeführt. Leider hat der damit betraute externe Mitarbeiter jedoch die Ergebnisse seiner Arbeit nicht mehr in einen Plan umgesetzt. Nach seinem Tod 1978 sind offenbar auch seine Aufzeichnungen verloren gegangen.

Die besondere Bedeutung der Pähler Funde beruht nicht zuletzt auf dem ungewöhnlich guten Erhaltungszustand der meisten Eisenobjekte. Dieser ist damit zu erklären, daß das exponierte Friedhofsgelände weit über dem Grundwasserspiegel gelegen und damit ungewöhnlich trocken ist. Vor allen Dingen konnten auf die darin eingeschlossenen Grabbeigaben keinerlei schädliche Einflüsse durch die Salze der künstlichen Düngung einwirken: Die Hügelfläche selbst wurde wohl niemals gedüngt, und eine Beeinflussung aus den tiefer gelegenen Wiesen oder Äckern der Umgebung ist physikalisch nicht möglich. Dies hatte zur Folge, daß bei einer Reihe von Lanzen und Schwertern noch so gut wie vollständig – und unbeeinträchtigt von Rostnarben – die ursprüngliche Oberfläche bewahrt wurde. Vor allen Dingen aber lernen wir dadurch eine ganze Reihe kleiner Werkzeuge und Geräte genauer kennen, deren Deutung bzw. Ansprache unter den andernorts üblichen, wesentlich schlechteren Erhaltsbedingungen kaum einmal möglich war.

Abb. 40-42

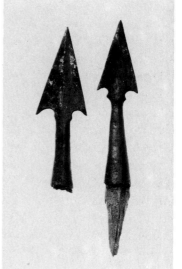

Abb. 40
Pähl, Ldkr. Weilheim-Schongau.
Zwei eiserne Pfeilspitzen aus Grab
90. Länge der linken Spitze 6,6 cm.

Abb. 41
Pähl, Ldkr. Weilheim-Schongau.
Eiserne Lanzenspitzen aus vier
Männergräbern. Länge der linken
Lanze 57,5 cm.

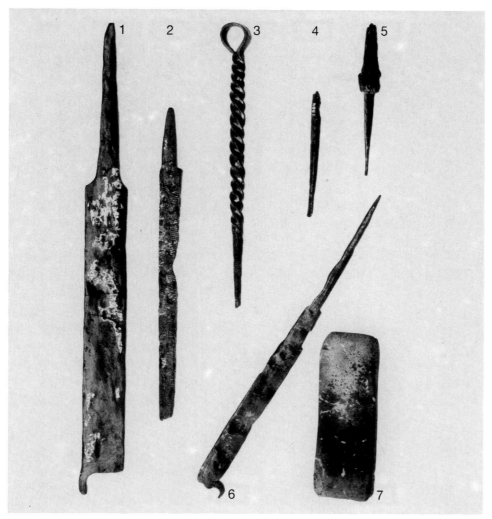

Abb. 42
*Kleingeräte aus bajuwarischen Männergräbern. 1 Garching, Ldkr. Altötting, Grab 86; 2–7 Pähl,
Ldkr. Weilheim-Schongau (2. 7 Grab 30; 3 Grab 54; 4. 5 Grab 87; 6 Grab 25). Länge des
Wetzsteines rechts unten 7,5 cm.*

Werkzeuge und Geräte von Handwerkern?

Abb. 42,1

Schon unter den Funden aus Grab 86 des Reihengräberfeldes von Garching war uns eine Flachfeile mit außerordentlich feinen (schlichten) Riefen auf einer Fläche aufgefallen. Da die Grabungen dort unter beinahe tumultuarischen Umständen durchgeführt werden mußten, schien uns die Grabzugehörigkeit und damit vor allen Dingen die frühe Zeitstellung dieses Gerätes nicht

Abb. 42,3 u. 43

hinreichend gewährleistet. Nachdem aber nun in Grab 30 vom Pähler Schalkenberg ebenfalls eine Feile enthalten war, sind alle Zweifel an der frühmittelalterlichen Zeitstellung auch des Garchinger Stückes ausgeräumt. Bei dem Gerät aus Pähl handelt es sich um eine Vierkantfeile, die auf allen vier Seiten – ebenfalls schlichte – Riefen trägt. Zur Ausstattung des Grabes gehörten auch noch andere kleine Werkzeuge: ein abgebrochenes Eisengerät mit Resten des Holzgriffes und vierkantiger Spitze, vielleicht ein Pfriem; ein eisernes Gerät mit langem Griffdorn und langem, im Querschnitt flach-rechteckigen Schaft, dessen Arbeitsende ebenfalls abgebrochen ist; ein im Querschnitt etwa

Abb. 42,7

quadratischer Wetzstein, der erhebliche Gebrauchsspuren aufweist; ein eisernes Messer; ein Feuerzeug, bestehend aus dem Rest eines Schlageisens und vier Feuersteinen. Alle diese Dinge lagen östlich vom Becken, auf und neben dem linken Oberschenkel beisammen. Es handelt sich bei ihnen ganz offensichtlich um den Inhalt einer Werkzeugtasche, wie sie u. a. nach Befunden in den

Abb. 44

Reihengräbern von Dittenheim b. Gunzenhausen und München-Aubing von manchen Männern im frühen Mittelalter hinten am Gürtel getragen wurden. Aus der Lage im Grab 30 von Pähl geht hervor, daß der Tote den Gürtel nicht angelegt hatte, sondern daß er ihm samt Tasche lose beigegeben worden war: Die eiserne Gürtelschließe fand sich nämlich innen am rechten Knie und die Tasche lag – wie gesagt – unterhalb vom Becken. Zu ihrem weiteren Inhalt gehörte der Bügel einer gegossenen Schnalle aus Weißmetall und ein nierenförmig gewundenes Stück Bronzedraht (von einer Nadel?) – also zwei unbrauchbar gewordene Gegenstände, die wieder repariert oder eingeschmolzen werden sollten. Als Toilettengerät verfügte der Mann über einen Knochenkamm, den man ihm außerhalb der Tasche am linken Arm beigegeben hatte.

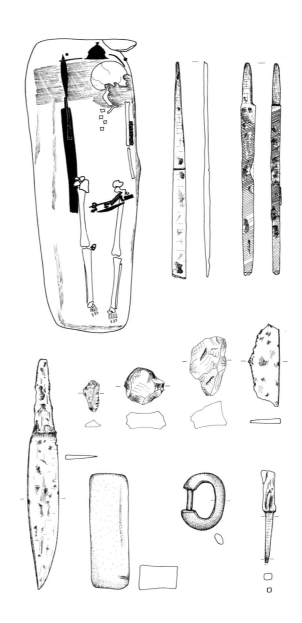

Abb. 43
Pähl, Ldkr. Weilheim-Schongau.
Inhalt der Werkzeugtasche aus
Männergrab 30. M. 1:2,5; Befund-
zeichnung M. 1:25.

Abb. 44
Dittenheim, Ldkr. Weißenburg-Gunzenhausen (Mittelfranken). Werkzeugtasche aus dem alamannischen Männergrab 96. M. 1:2,5.

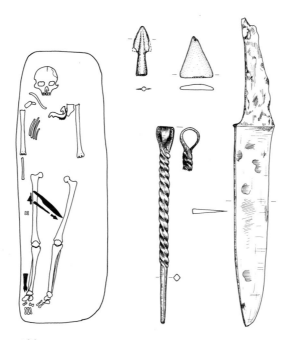

Abb. 45
Pähl, Ldkr. Weilheim-Schongau. Inhalt der Werkzeugtasche aus Männergrab 54. M. 1:2,5; Befundzeichnung M. 1:25.

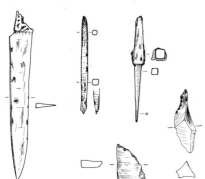

Abb. 46
Pähl, Ldkr. Weilheim-Schongau. Inhalt der Werkzeug-
tasche aus Männergrab 87. M. 1:2,5.

Auch dem Mann in Grab 54, über dessen Gürtelausstattung wir sonst nichts wissen, wurde seine Werkzeugtasche auf die Oberschenkel gelegt. Sie enthielt neben einem gewöhnlichen Eisenmesser und einem kleinen flachen Schleifstein ein Eisengerät mit langer vierkantiger Spitze, tordiertem Schaft und breiter Öse am oberen Ende. Ebenfalls in der Tasche bewahrte der Mann eine prähistorische Bronzepfeilspitze auf. Wir können nicht wissen, ob sie für ihn als „Altertum" einen ideellen Wert besaß oder nur den eines bei Gelegenheit wieder verwend-baren Altmetalls.

Abb. 45

Abb. 42,3

Genau in der gleichen Fundlage wie in den Gräbern 30 und 54 wurde die Werkzeugtasche in dem im weiteren Beckenbereich teilweise ausgeplünderten Grab 87 angetroffen. Der zugehörige Gürtel war mit einer ursprünglich sicher dreiteiligen Garnitur ausgestattet. Sie lag – wie die Tasche – im Bereich der Oberschenkel, woraus zu ersehen ist, daß auch in diesem Falle der Gürtel nicht angelegt war. Neben einem formlosen Eisenfragment, das vielleicht als Schlageisen gedient hat, enthielt die Tasche nur einen Feuerstein und einen eisernen Pfriem mit langer vierkantiger Spitze und Holzgriff. Ein meiselartiges Gerät mit gegen die Ränder zu ausgebrochener Schneide und das Eisenmesser waren in der Einfüllung des gestörten Grabes verstreut, in der sich auch Skelettreste einer weiteren älteren Bestattung (Nr. 87 a) fanden. Trotzdem ist es wahrscheinlich, daß auch diese beiden Objekte ursprünglich ebenfalls aus der

Abb. 46

Abb. 42,5
Abb. 42,4

Werkzeugtasche des Mannes in Grab 87 stammen. Vermutlich nicht in der Werkzeugtasche war wiederum der Kamm beigegeben, der sich in Grab 87 allerdings ebenfalls zwischen den Oberschenkeln fand.

Abb. 47 Die reichhaltigste Werkzeugausstattung lag in Männergrab 25. Hier wurde die Tasche auf dem linken Oberarm gefunden. Da das Grab im Beckenbereich gestört war und vom Gürtel nur geringfügige Nietreste vorhanden sind, können in diesem Fall über den einstigen Deponierungsort keine eindeutigen Aussagen gemacht werden. Neben dem rechten Arm lag ein 31 cm, also extrem langer *Abb. 48* einseitiger Knochenkamm. Zum Tascheninhalt gehörten neben einem Messer mit langem Griffteil, einem Feuerzeug aus Stahl und zwei Feuersteinen und einer Bronzepinzette ein leider unvollständiges ungewöhnlich zierliches Eisenmesserchen mit ganz dünner Klinge, ein kleines Eisengerät mit geringfügig verbreitertem, leicht hohl geschliffenen Schneidenende und ein flach-vierkantiges Eisengerät mit langem dünnen Griff, das am vorderen Ende in einen *Abb. 42,6* profilierten Haken ausläuft. Sein flachgeschmiedeter Teil besitzt an der einen Schmalseite oben einen länglichen Ausschnitt. Von diesem Detail abgesehen erinnert das Gerät an das oben beschriebene unvollständige Eisenobjekt aus *Abb. 43* Grab 30.

Abb. 47 Die erwähnte Bronzepinzette aus Grab 25 besitzt die alltägliche und aus vielen Männergräbern des frühen Mittelalters belegte Form. Ihr ist ein durch eine *Abb. 49,1* Niete zusammengehaltenes zweiteiliges Stück aus Saxgrab 35 gegenüberzustellen, das zweiseitig verwendbar ist: Am einen Ende besitzt es die übliche beißzangenartige Form, am anderen Ende ist es schräg abgeschnitten und besitzt die Gestalt einer Flachzange. – Hinzukommen aus den Männergräbern *Abb. 49,2-5* 79, 81 und 93 als „gewöhnliche" Gerätebeigaben eiserne Rasiermesser und Scheren. Erstere dienten sicher ebenso wie die Pinzetten und natürlich die Kämme in erster Linie für die Körperpflege, waren aber genauso wie die Scheren und Messer vielseitiger einsetzbar.

Allein schon die Tatsache, daß ein Teil der beschriebenen Kleingeräte in Taschen aufbewahrt wurde, deutet darauf hin, daß sie nicht zur alltäglichen Ausstattung eines Mannes gehörten. Ihre Funktion ist im Einzelfall nicht leicht zu bestimmen. Mit Sicherheit wird es sich bei den Feilen aus Pähl, Grab 30 und

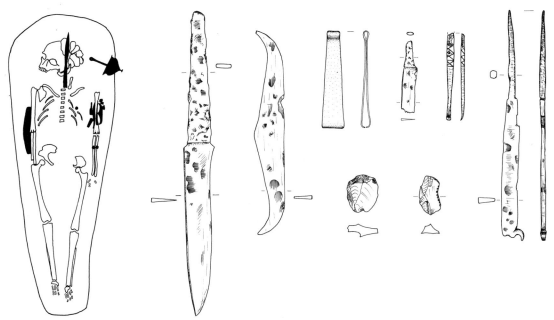

Abb. 47
Pähl, Ldkr. Weilheim-Schongau. Inhalt der Werkzeugtasche aus Männergrab 25. M. 1:2,5;
Befundzeichnung M. 1:25.

Abb. 48
Pähl, Ldkr. Weilheim-Schongau. Knochenkamm aus Männergrab 25. Länge 31 cm.

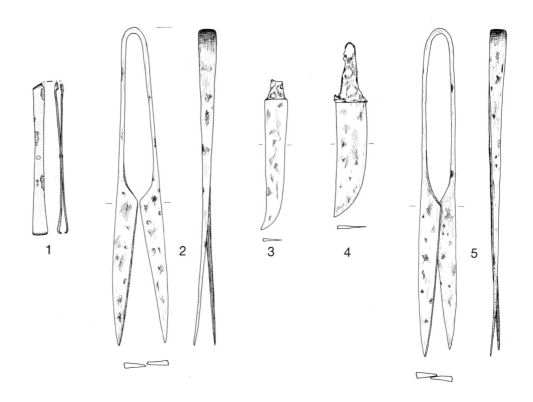

Abb. 49
Pähl, Ldkr. Weilheim-Schongau. Kleingeräte aus verschiedenen Männergräbern. 1 Grab 35; 2. 3 Grab 81; 4 Grab 79; 5 Grab 93. M. 1:2,5.

Abb. 50
Pähl, Ldkr. Weilheim-Schongau. Waffenausstattung des Grabes 25. Die Holzteile des Schildes sind ergänzt. M. 1:5.

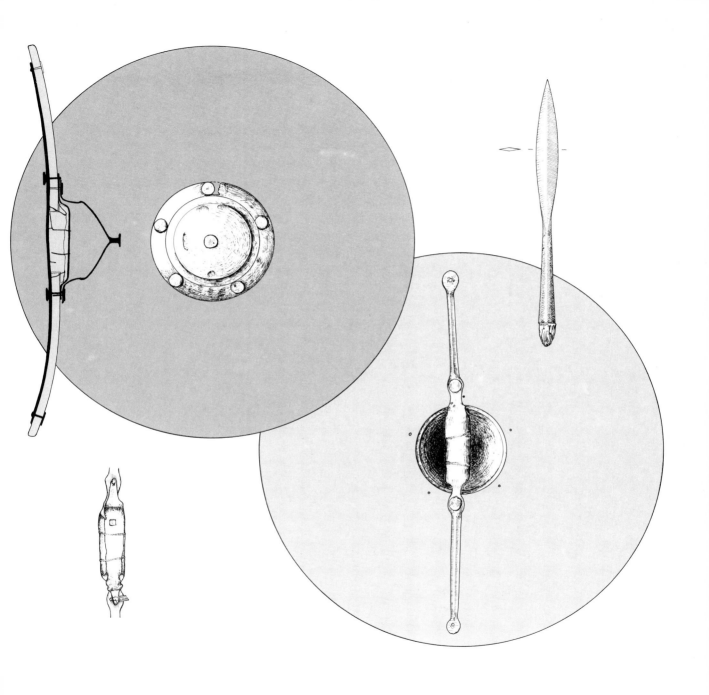

aus Garching, Grab 86 um Geräte zur Metallbearbeitung handeln. Dagegen war der Pfriem aus dem Pähler Grab 87 allenfalls für sehr wenig widerstandsfähige Materialien wie etwa Leder geeignet. Das zierliche Messerchen aus Grab 25 und das zierliche Gerät mit löffelartiger Schneide aus dem selben Grab dienten – sofern ihre Arbeitskanten nicht besonders gehärtet waren – zur Holzbearbeitung oder allenfalls zur Bearbeitung von sehr weichem Metall. Bei dem schraubenartig gewundenen Gerät aus Grab 54 wird man wohl als Hebelgriff ein durch die Öse gestecktes Holzstäbchen ergänzen dürfen. Vermutlich hat man mit derartigen Geräten Holz- oder Knochenstücke der Länge nach durchbohrt (also etwa Griffverkleidungen für Messer und andere Kleingeräte); denn das fragliche Werkzeug wirkt wie die verkleinerte Wiedergabe eines Deichelbohrers, wie man sie noch bis in unsere Tage im ländlichen Gewerbe verwendet hat. Zur Holzbearbeitung – als Stecheisen oder Meisel – oder – als Punze – für die Metallbearbeitung kann das kleine Gerät mit beschädigter Schneide aus Grab 87 benutzt worden sein. Unerklärt bleibt das bandförmige Gerät mit Hakenende aus Grab 25. Vielleicht sollte mit seiner Hilfe ein Werkstück auf einer festen Unterlage, einer Art Werkbank, eingespannt bzw. festgehalten werden. In diesem Falle wäre das Hakenende einer ziemlichen Belastung ausgesetzt gewesen. Dies würde erklären, warum bei einem offenbar gleichartigen Werkzeug aus Grab 30 gerade dieser Teil fehlt. Eine entsprechende Montage an der Schnitzbank ist für bestimmte Messer mit Hakenende schon seit der Latènezeit vorauszusetzen.

Es fällt schwer, aus diesen dürftigen Hinweisen weitreichende Schlüsse auf den Alltag der mit solchen Werkzeugtaschen ausgestatteten baiuwarischen Männer des frühen Mittelalters zu ziehen. Jedenfalls sind wir wohl nicht berechtigt, in ihnen spezialisierte Handwerker zu sehen. Vielleicht darf man so viel sagen, daß sie alle ein besonderes handwerkliches Geschick besessen haben werden und daß die Männer aus Grab 25 und 54 mit besonderer Vorliebe Holz oder Knochen bearbeitet haben, der aus Grab 87 vielleicht Leder, der aus Grab 30 dagegen mit Sicherheit Metall. Für eine ganz eindeutige Bestimmung müssen erst noch genauere technologische Untersuchungen angestellt und möglichst viele Funde und Befunde aus frühmittelalterlichen Gräbern einbezogen

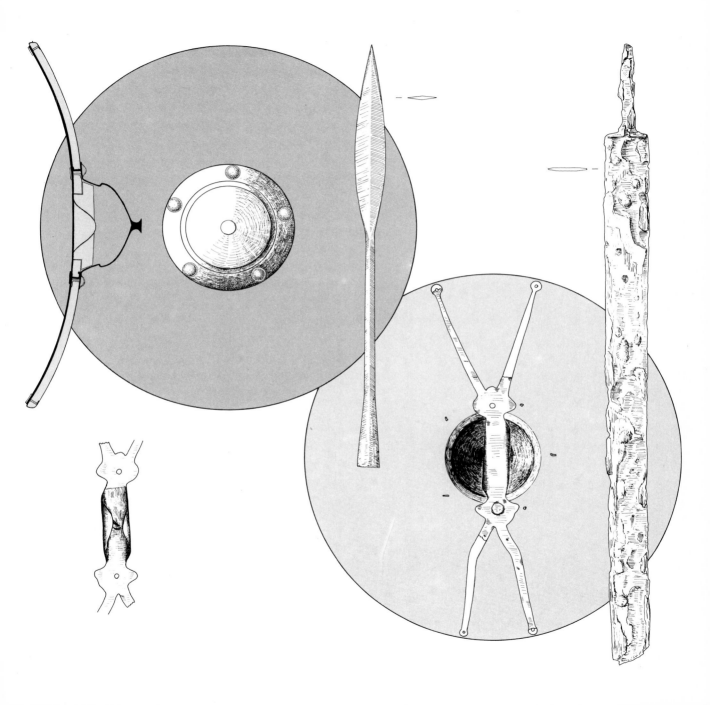

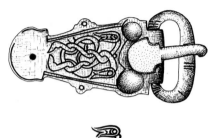

Abb. 52
Pähl, Ldkr. Weilheim-Schongau. Gürtelschließe aus Männergrab 49. Ihr Ornament wird von ineinander verschlungenen Tierkörpern (Bändern) gebildet, deren eines an den Enden mit 2 Tierköpfen besetzt ist, während das andere mit 2 Tierfüßen endet. M. 1:2.

◄ *Abb. 51*
Pähl, Ldkr. Weilheim-Schongau. Waffenausstattung des Grabes 30. Die Holzteile des Schildes sind ergänzt. M. 1:5.

Abb. 53
Pähl, Ldkr. Weilheim-Schongau. Silbertauschierte Gürtelschließen und -beschläge aus den Männergräbern 49 (oben) und 87 (unten). Länge des Beschlägs rechts unten 7,7 cm.

Abb. 51
Abb. 50

werden. Auf jeden Fall handelte es sich bei den mit Werkzeugtaschen ausgestatteten Männern um geachtete Mitglieder Pähler Ortsgemeinschaft: Grab 30 war mit Spatha, Lanze und Schild ausgestattet, in den gestörten Gräbern 25 und 54 fanden sich immerhin noch Lanze und Schild bzw. eiserne Pfeilspitzen und im ebenfalls gestörten Grab 87 – wie schon erwähnt – eine kunstvoll tauschierte eiserne Gürtelgarnitur.

Abb. 53

Diese ehedem wohl dreiteilige Gürtelgarnitur aus Grab 87 dokumentiert einmal mehr das große handwerkliche Geschick der bajuwarischen Kunsthandwerker der Merowingerzeit. Schnallenbeschläg und Gegenbeschläg tragen innerhalb eines Rahmens aus verschiedenartigen Bändern ein kompliziertes Flechtwerkornament, das mit größter Sorgfalt komponiert wurde. Von ähnlicher

Abb. 52 u. 53

Qualität ist die Gürtelgarnitur aus Männergrab 49. Hier sind die viereckigen Besatzstücke mit geometrischen Mustern geschmückt, während das Beschläg der Schilddornschließe ein Tierornament trägt. Seine Analyse zeigt, daß sich der Künstler, wie dies bei der germanischen Tierornamentik vielfach zu beobachten ist, in seiner freien Gestaltung des Motivs weit von der anatomischen Wirklichkeit entfernt hat.

Die Besiedlung der Gemarkung von Pähl während der Agilolfingerzeit

Das Gräberfeld am Schalkenberg ist nicht der einzige frühmittelalterliche Bestattungsplatz im Ortsbereich von Pähl. Bereits im Jahr 1832 war man am südwestlich geneigten Abhang unterhalb des Hochschlosses auf einzelne Gräber gestoßen. Über die Größe dieser Sepultur haben wir jedoch keine Vorstellung. Ein weiteres, offenbar größeres Gräberfeld des 7. Jahrhunderts wurde 1879 gut 800 m westnordwestlich der Pfarrkirche an der Fischener Straße im Bereich einer Kiesgrube angeschnitten und in den folgenden Jahren teilweise ausgegraben. Heute befindet sich an dieser Stelle eine stinkende Mülldeponie.

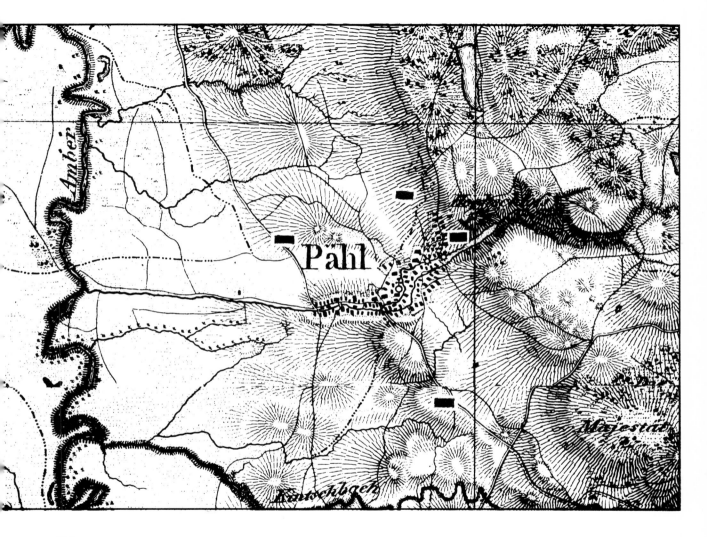

Abb. 54
Pähl, Ldkr. Weilheim-Schongau. Die vier Fundstellen baiuwarischer Reihengräber auf der heutigen Ortsgemarkung im Kartenbild des 19. Jahrhunderts. M. 1:25 000. (Kartengrundlage: Topograph. Atlas von Bayern 1812ff. Blatt 82 Ost.)

Schließlich wurde noch im Jahre 1933 auf einem flachen Kiesrücken innerhalb des Moorgeländes südlich vom Ort, dicht südwestlich der Verbindungsstraße nach Unterpähl ein Grab mit einem Sax des 7. Jahrhunderts angeschnitten. Auch hier könnte es sich um ein regelrechtes Gräberfeld handeln, so daß bei weiteren Erdbewegungen besondere Aufmerksamkeit geboten wäre.

Abb. 54 Angesichts der Lage der vier Gräberfundstellen untereinander, wie hinsichtlich ihrer Zuordnung zum heutigen Ort, ist es wohl sicher, daß die Besiedlungskarte des frühen Mittelalters innerhalb der Pähler Ortsgemarkung ganz anders ausgesehen hat als heute. Wir müssen mit mindestens vier kleinen Ansiedlungen rechnen, die teilweise vielleicht die Größe eines Einzelhofes nicht überschritten haben, und von denen kaum eine im unmittelbaren frühneuzeitlichen Ortsbereich gelegen hat. Offenbar ist erst in spät- oder nachmerowingischer Zeit eine Veränderung eingetreten, nachdem ein vielleicht schon von Anfang an vorhandener Hof im heutigen Ortszentrum, im Umfeld der Pähler Kirche, die politische Oberhand gewonnen hatte. Für diese Hypothese, die nur aus analogen auswärtigen Befunden gestützt werden kann, fehlen aus Pähl selbst freilich bisher noch alle konkreten Anhaltspunkte.

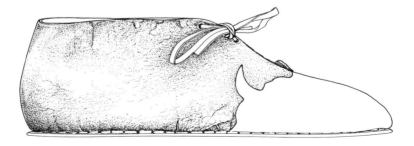

Ein spätmerowingerzeitlicher Friedhof
in Wielenbach, Ldkr. Weilheim
Fundgeschichte

Beim Verlegen des Steuerkabels für die Wielenbacher Wasserversorgung wurde im Oktober 1965 am südöstlichen Ortsrand ein Grab des frühen Mittelalters angeschnitten. Es wurde unverzüglich durch das Bayerische Landesamt für Denkmalpflege untersucht, das gerade im benachbarten Raisting in dem schon in anderem Zusammenhang erwähnten frühbronzezeitlichen Friedhof eine Grabung durchführte. Das Grab enthielt die Bestattung einer Frau. Als einzige Beigabe fand sich mitten auf der Brust eine mit zwei Tierköpfen besetzte S-förmige Brosche aus vergoldeter Bronze. Die Tierköpfe tragen Almandinaugen, ihre Schnäbel sind glockenförmig aufgesperrt. Verschiedene Merkmale, darunter besonders die perlstabartige Ausbildung der Tierleiber, deuten darauf hin, daß das Schmuckstück erst während der ersten Hälfte des 8. Jahrhunderts entstanden ist.

Abb. 61

Die Tote war in einer Art Gruft beigesetzt: Der Leichnam war auf eine sorgfältig zugerichtete rechteckige Tuffplatte gebettet, die auf allen vier Seiten mit entsprechenden Platten umstellt war. Der dadurch gebildete Schacht war mit einer weiteren großen Platte abgedeckt. Die sorgfältige Bearbeitung der einzelnen Tuffsteine bewirkte, daß sich das Grab ohne jegliche Erdeinschwemmung über die Jahrhunderte als Hohlraum erhalten hatte. Diesem Umstand und der Tatsache, daß der linke Unterschenkel wenig oberhalb des Knöchels auf einem hier befindlichen Kieselstein lag, ist es zu verdanken, daß der linke Schuh im freien Hohlraum der Gruft am unteren Ende des Unterschenkels mumifizierte und so erhalten blieb.

Abb. 56,1

Abb. 55

◀ *Abb. 55*
Wielenbach, Ldkr. Weilheim-Schongau. Lederschuh aus einem Frauengrab des frühen 8. Jahrhunderts nach der Restaurierung durch das Ledermuseum Offenbach. Erhalten sind nur Teile des Oberleders. Da der Schuh für die Trägerin zu groß war, wurde die Öffnung durch eine zusätzliche Bindung verkleinert. Länge 19,5 cm.

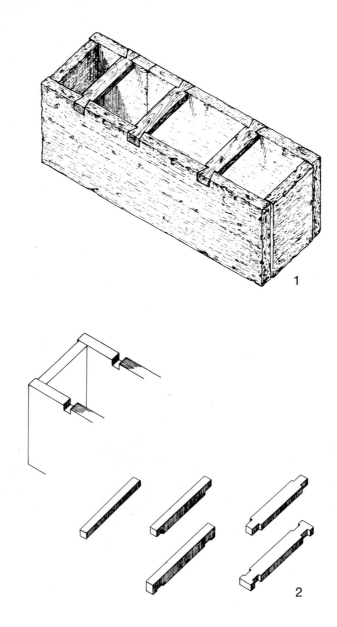

1

2

Zimmermannstechniken der Agilolfingerzeit

Auch ein bestimmtes Detail an dem Plattengrab selbst ist von besonderem handwerksgeschichtlichen Interesse. An den oberen Kanten der Seitenwände wurden paarweise einander gegenüberliegend vier etwa 4 cm tiefe trapezförmige Einschnitte festgestellt, deren kürzeste Seite jeweils nach innen wies. Sie waren zur Aufnahme von Bälkchen bestimmt, die den auf den Hohlraum wirkenden seitlichen Druck abfangen sollten und wohl auch als zusätzliche Unterlage für die Deckplatten dienten. Um ihrer Aufgabe gerecht zu werden, wurden die Hölzer an den Enden schwalbenschwanzförmig zugeschnitten. Damit bezeugen die Aussparungen an den Grabplatten auf indirektem Wege bereits für das frühe Mittelalter eine besondere Art der Holzverbindung, wie sie der Zimmerman auch heute noch anwendet. – Daneben sind an anderen Tuffplatten auch einfache rechteckige Ausschnitte nachzuweisen. In diesen Fällen gibt es für die Zurichtung der zugehörigen Holzbälkchen drei verschiedene Möglichkeiten.

Abb. 56,1

Abb. 56,2

Bei der ersten Nachschau stellte sich heraus, daß in der Nachbarschaft des Wielenbacher Frauengrabes weitere Tuffplattengräber liegen. Im Einvernehmen mit dem Denkmalamt wurde deshalb im Jahre 1966 durch die Prähistorische Staatssammlung eine etwas weiter ausgreifende Untersuchung durchgeführt. Dabei wurden noch sechs weitere Tuffplattengräber festgestellt. Sie waren nach den selben Prinzipien konstruiert wie Grab 1 und waren zu einer dicht gedrängten Gruppe angeordnet. In ihrer unmittelbaren Umgebung lagen mit vielfältigen gegenseitigen Überschneidungen einfache Erdgräber.

Abb. 57,1-3

Abb. 58

◀ *Abb. 56*
Wielenbach, Ldkr. Weilheim-Schongau. 1 Tuffplatten-Auskleidung des Frauengrabes mit schwalbenschwanzförmigen Aussparungen für Holzbälkchen. Holzteile ergänzt. – 2 Möglichkeiten für die Rekonstruktion von Unterlagebalken beim Vorliegen rechteckiger Ausschnitte an den Tuffplatten. M. 1:30.

Abb. 57,1–3
Wielenbach, Ldkr. Weilheim-Schongau. Die Tuffplattengräber während der Freilegung, Ansichten von Westen.

Abb. 57,2

Abb. 57,3

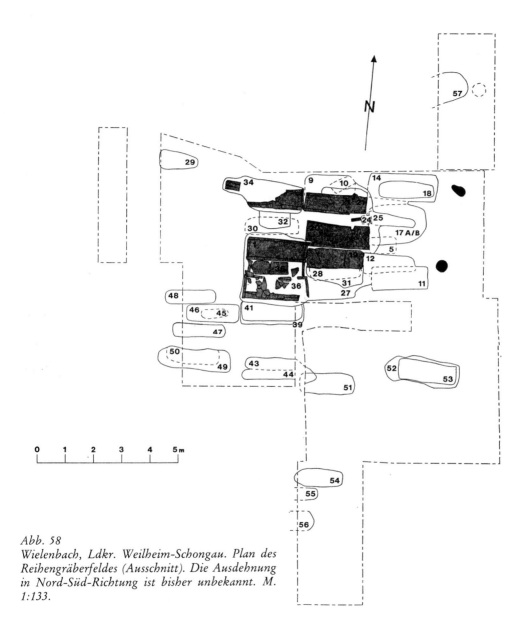

Abb. 58
Wielenbach, Ldkr. Weilheim-Schongau. Plan des
Reihengräberfeldes (Ausschnitt). Die Ausdehnung
in Nord-Süd-Richtung ist bisher unbekannt. M.
1:133.

Die Beigaben: Goldborten und Fohlenschädel

Als Beigaben fanden sich – mit Ausnahme eines Eisenmessers in Grab 18 – fast ausschließlich einfache Eisenschnallen als Bestandteile der Kleidung. Denn ein Eisenbruchstück aus Tuffgruft 36 kann nicht mit hinreichender Sicherheit als Überrest vom Tragbügel einer Saxschneide gedeutet werden und bei einem einzelnen im Humus gefundenen Saxscheidennagel wissen wir nicht, ob er ehemals von einer Grabbeigabe stammt.

Abb. 62 Zu den interessantesten Funden zählen die ehemals um einen Wollfaden gedrehten im Zickzack gelegten Goldspirälchen aus Grab 32. Sie gehörten offenbar zu zwei oder drei dem Gewand eines 4–5 Jahre alten Kindes (wohl eines Knaben) applizierten Borten unterschiedlicher Breite.

Abb. 59 Als Beigabe einer jugendlichen Person wird man den Schädel eines 4–6 Monate alten Fohlens ansprechen dürfen. Er wurde dicht südlich des Toten in Grab 9 in Schädelhöhe gefunden und lag auf der rechten Seite, also mit der Längsachse parallel zum genannten Grab. Der bereits erwähnte ähnliche Befund in einem *Abb. 9* Aubinger Männergrab verleiht der Interpretation als Beigabe einen großen Grad von Sicherheit.

Abb. 58 Bei den Untersuchungen im Jahre 1966 wurden die Grenzen der Belegung des Wielenbacher Gräberfeldes im Westen und Osten offenbar erreicht. Da nach Norden eine damals bestehende Bebauung mit einem Geräteschuppen eine weitere Ausdehnung nicht zuließ und für das im Süden anschließende Grundstück eine Grabungsbewilligung durch den Eigentümer nicht zu erhalten war, zudem auch eine Gefährdung des Gräberareals nicht vorlag, wurde die Ausgrabung 1966 zunächst eingestellt.

Abb. 59 ▶
Wielenbach, Ldkr. Weilheim-Schongau. Schädel eines 4–6 Monate alten Fohlens. Der Pferdekopf war neben einer jugendlichen Person (Grab 9) beigesetzt. Länge des Schädels ca. 35 cm.

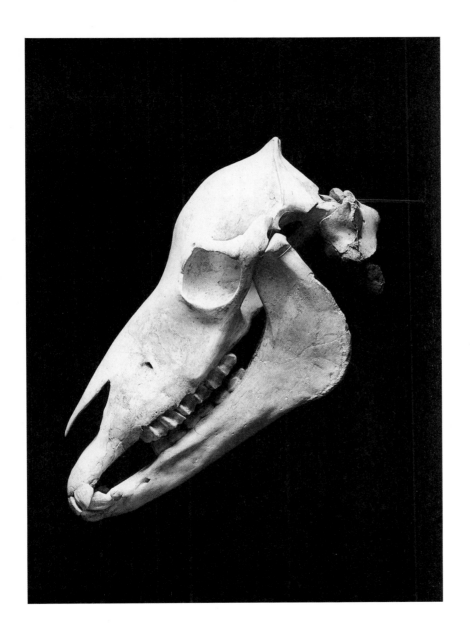

Eine frühmittelalterliche Holzkirche?

Abb. 58

Einer späteren Grabungskampagne sollte es vorbehalten bleiben, Alter und Bedeutung zweier Gruben für Holzpfosten zu klären, die östlich anschließend an die Erdgräber 11 und 14 festgestellt wurden. Falls eine Datierung in die Benutzungszeit des Gräberfeldes zu Recht angenommen werden durfte, konnten sie nämlich ebenso gut von hölzernen Grabstelen für diese beiden Gräber stammen wie von der Gerüstkonstruktion einer kleinen Holzkirche des frühen Mittelalters.

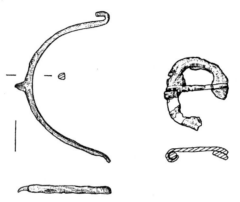

Abb. 60
Wielenbach, Ldkr. Weilheim-Schongau. Eiserne Gürtelschließe und Sporen aus Männergrab 53. M. 1:2.

Leider wird der Sachverhalt nie mehr aufzuklären sein. Anläßlich einer Fundstellenbesichtigung im Jahre 1971 auf dem Gelände der Wielenbacher Pfarrkirche mußten wir nämlich feststellen, daß unmittelbar östlich der Fundstelle der beiden Holzpfosten inzwischen ein Mehrfamilienhaus errichtet worden war, das den gesamten möglichen Standort der etwaigen Kirche des frühen Mittelalters einnimmt. Eine noch im selben Jahr angesetzte ergänzende Untersuchung konnte unter diesen Umständen leider nichts mehr zur Klärung dieser Frage beitragen.

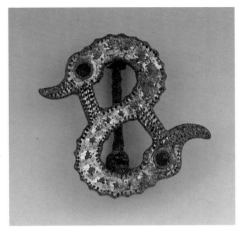

Abb. 61
Wielenbach, Ldkr. Weilheim-Schongau. S-förmige Brosche mit stilisierten Vogelköpfen aus dem Tuffplattengrab einer Frau. Bronze, vergoldet, mit Almandineinlagen. Frühes 8. Jahrhundert. Höhe 3,3 cm.

Abb. 62
Wielenbach, Ldkr. Weilheim-Schongau. Ursprünglich um einen Faden tordierte Goldfäden aus Gewandborten unterschiedlicher Breite. Gefunden in Knabengrab 32. Bortenbreite 0,5-0,8.

Abb. 60

Die beiden Grabungsabschnitte erbrachten rund 60 Bestattungen. Die große Individuenzahl erklärt sich nicht zuletzt aus der Tatsache, daß die Tuffgrabanlagen mehrfach benutzt wurden. Im Grab 36 beispielsweise wurden nicht weniger als 10 Bestattungen nachgewiesen. Die ältesten Beigaben auf dem Wielenbacher Gräberfeld, zu denen auch ein 1971 gefundener Hakensporn am linken Fuß des waffenlos (!) bestatteten Toten in Grab 53 gehört, stammen aus der Zeit um oder nach 700. Auf die gleiche Spätzeit deutet die spezielle Sitte der Tuffplattenanlagen hin. Derartige Gräber wurden bisher stets in spätmerowingerzeitlichem Fundkontext gefunden.

Familienfriedhof eines Adeligen

Anders als im Falle von Garching darf die Beigabenarmut der Wielenbacher Gräber nicht als Indiz für persönliche Armut der Bestatteten gelten, sondern muß als Zeugnis gewandelter Jenseitsvorstellungen gewertet werden. Die erwähnten besonderen Funde (golddurchwirktes Gewand, Sporenbeigabe, vergoldete Fibel), aber auch die besondere Grabsitte sind vielmehr hinreichende Hinweise auf einen gewissen Wohlstand und auch eine über den Durchschnitt herausgehobene soziale Stellung zumindest eines Teils der Bestatteten. Mehrere Indizien sprechen also dafür, daß es sich bei dem Wielenbacher Gräberfeld um die Sepultur der Familie eines „Adeligen" oder eines reichen Hofbauern handelt, die bei deren Eigenkirche angelegt worden ist. Allein schon die lange Benutzungsdauer der erstmals in der Zeit um 700 belegten Tuffplattengräber läßt eine Deutung als herkömmliches Reihengräberfeld unwahrscheinlich erscheinen.

Wahrscheinlich war die mehr vermutete als nachgewiesene Holzkirche in der Nachbarschaft der Wielenbacher Tuffplattengräber nicht das einzige frühmittelalterliche Gotteshaus am Ort, das in der Zeit um 1970 unbeobachtet zerstört worden ist. 1971 wurden wir nämlich vom Ortspfarrer, der die Grabung im Jahre 1966 tagtäglich besucht hatte, nach Wielenbach gerufen, weil nach Abbruch des bisherigen Schiffes der Pfarrkirche St. Peter unter dem bereits

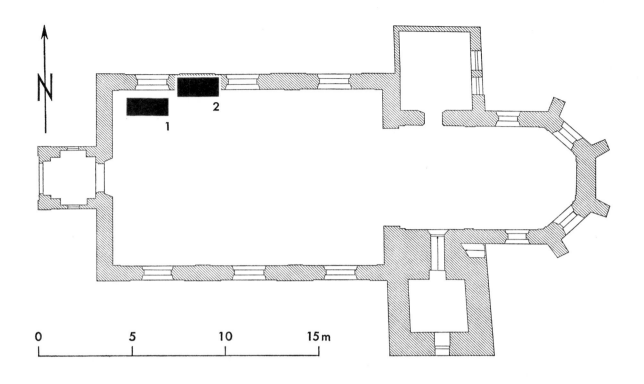

Abb. 63
Wielenbach, Ldkr. Weilheim-Schongau. Grundriß der Pfarrkirche vor dem Umbau im Jahre
1971. Im Nordwestteil wurden zwei frühmittelalterliche Tuffplattengräber nachgewiesen. M
1:200.

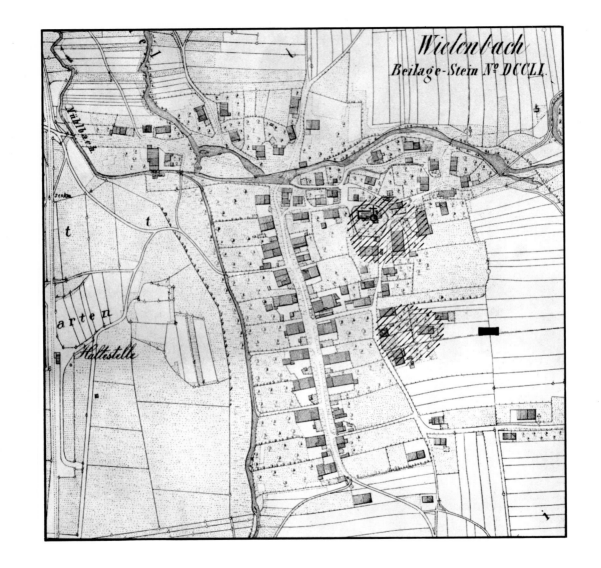

Wielenbach
Beilage-Stein Nº DCCLI.

eingebrachten Fußboden des neuentstehenden Langhauses ebenfalls zwei Tuffplattengräber sichtbar geworden waren. Eine eingehende Untersuchung mußte aus statischen Gründen unterbleiben, so daß wir auch hier über Vermutungen nicht hinauskommen. Die Lage der beiden Tuffplattengräber in der nördlichen Randzone des ehemaligen Kirchenschiffes (und weiterer Plattengräber, die bei früherer Gelegenheit unter seiner Westwand gefunden worden sein sollen) spricht dafür, daß zum Zeitpunkt der Anlage dieser frühmittelalterlichen Bestattungen bereits ein Vorläufer des heutigen Gotteshauses bestanden hatte.

Abb. 63

Ursprünge und Entwicklung des Dorfes

Abb. 64

Ein Blick auf den Wielenbacher Ortsplan läßt erkennen, daß das neuzeitliche Dorf ähnlich wie Garching aus mehreren Teilsiedlungen hervorgegangen ist. Die östliche Nordsüdstraße im Ort, die alte Dorfstraße, führt von Weilheim her in leichtem Bogen um eine Gruppe von vier Anwesen herum. Sie sind vermutlich die legitimen Nachfolger jenes frühmittelalterlichen Hofes, dessen Friedhof (mit Kirche?) im Jahre 1965 zufällig entdeckt worden ist. Diese Hofgruppe ist deutlich abgesetzt von zwei oder drei großen Anwesen östlich der heutigen Pfarrkirche. Diese sind unmittelbar zurückzuführen auf eine Vorläufersiedlung des frühen Mittelalters unbekannter Größe, deren Bewohner ihre Toten bereits auf dem Gelände des noch heute bestehenden Friedhofes bestatteten und dort wohl auch schon eine Kirche errichtet hatten. Unzureichende Zusammenarbeit des Baudenkmalpflegers mit den Archäologen ist daran schuld, daß der historische Sachverhalt nicht noch genauer geklärt werden konnte.

◀ *Abb. 64*
Wielenbach, Ldkr. Weilheim-Schongau. Ortsplan mit der Lage der frühmittelalterlichen Friedhöfe und der vermuteten Kernsiedlungen (schraffierte Flächen). Die Straßensiedlung im Westteil des heutigen Dorfes ist erst im 19. Jahrhundert anläßlich der Trockenlegung des Mooslandes entstanden. M. 1:2500. (Kartengrundlage: Beilage zu Flurplan SW 13.14; Ausgabe 1903.)

Die baiuwarische Siedlung von Kirchheim, Ldkr. München

Entdeckung und Ausgrabung

Im April 1970 wurden vom Verfasser am Südostrand von Kirchheim durch Zufall Siedlungsspuren des frühen Mittelalters entdeckt, die innerhalb einer weiträumigen Planierungsfläche eines Fabrikgeländes aufgedeckt worden waren. Weitere Beobachtungen in den folgenden Wochen deuteten daraufhin, daß durch zwei Bauvorhaben auf einer Fläche von zusammen etwa 2500 Quadratmetern ein größerer Teil des frühmittelalterlichen Siedlungsgeländes zerstört werden würde. Da auch in diesem Falle eine Untersuchung durch das Landesamt für Denkmalpflege nicht möglich war, wurde sie von der Prähistorischen Staatssammlung durchgeführt. Wir wurden dabei von der Gemeinde Kirchheim sehr wesentlich unterstützt.

Abb. 65 u. 67 Das Ergebnis war die Erfassung eines Ausschnittes einer Ansiedlung im Grundriß, die nach dem Zeugnis der wenigen datierbaren Funde während des 7. und 8. Jahrhunderts bestanden haben dürfte. Wichtig war vor allem, daß dadurch erstmals in Südbayern frühmittelalterliche Gebäudegrundrisse unterschiedlicher Typen klar erkannt werden konnten. Im wesentlichen ließen sich drei Grundrißformen nachweisen. Alle Häuser besaßen ein Gerüst aus Holzpfosten, die im Untergrund verankert waren; die Steinbauweise war den Bajuwaren ebenso wie allen anderen Germanen damals noch fremd.

Abb. 65 ▶
Kirchheim, Ldkr. München. Grabungsfläche im Jahre 1970 innerhalb der baiuwarischen Siedlung am südöstlichen Rand des damaligen Ortes. Ansicht von Westen.

Abb. 66 ▶
Kirchheim, Ldkr. München. Brunnen 2 während der Ausgrabung.

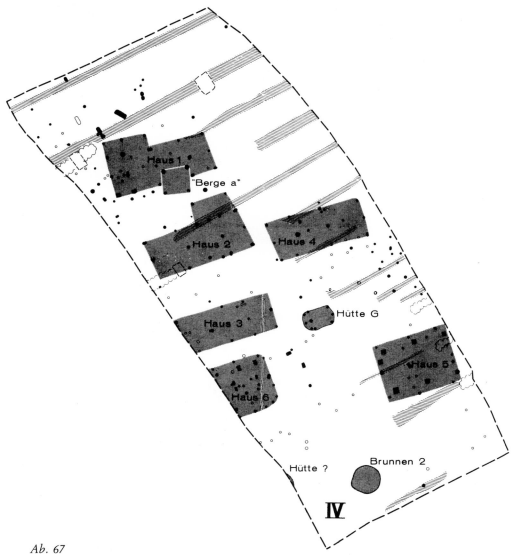

Ab. 67
Kirchheim, Ldkr. München. Gesamtplan der Grabungsbefunde im Jahr 1970. Die einzelnen Gebäudegrundrisse sind durch Rasterflächen hervorgehoben. M. 1:500.

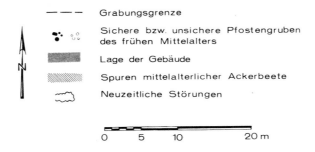

Legende

— — — Grabungsgrenze

Sichere bzw. unsichere Pfostengruben
des frühen Mittelalters

Lage der Gebäude

Spuren mittelalterlicher Ackerbeete

Neuzeitliche Störungen

N

0   5   10   20 m

II

"Berge b"

Hütte C

Haus 7

Hütte B

Hütte F

Hütte E

Hütte D

Brunnen 1

Brunnen ?

IV a

Die Häuser – Konstruktion und Funktion

Abb. 68 u. 69 Die einfachste Konstruktion hatte die kleinste Gebäudeeinheit der sog. Grubenhütten. Sie waren auf einer Grundfläche von durchschnittlich 3,5 × 2,5 m etwa 0,8 m – gemessen von der heutigen Oberfläche – in den Untergrund eingetieft. Ihr Grundgerüst des Aufgehen bildeten sechs in zwei Querreihen angeordnete Holzpfosten, die sich als dunkle Verfärbungen unterhalb des Bodenniveaus der Hütten im Untergrund lokalisieren ließen. Aus diesem Grundriß muß für die Bauten eine Firstsäulenkonstruktion erschlossen werden, deren Gefüge (vor allem der Quer- und Längsverstrebungen) freilich nur frei ergänzt werden kann.

Abb. 70 u. 71 Bei den beiden anderen Grundrißtypen handelt es sich um ebenerdige Großbauten. Der einfachere Typus war – freilich in größeren Dimensionen – nach dem selben Schema angelegt wie die eben beschriebenen Hütten, mit dem einzigen Unterschied, daß hier eine größere Anzahl von Querreihen aus jeweils drei Pfosten aneinandergereiht waren. Die Länge dieser Bauten schwankte zwischen 12 und 13,5 m, ihre Breite betrug um 5 m. Manchmal – und zwar bei Haus 1 und 2 – ließen sich an einer Längsseite kürzere Anbauten aus einer weiteren Längsreihe von Pfosten erschließen.

Abb. 72 Den dritten Gebäudetypus bildete ein Grundgerüst aus fünf Längsreihen von Pfosten. Dieses Bauschema war zweimal nachzuweisen. Leider waren beide Gebäude am Rande der Grabungsfläche gelegen, so daß wir nicht sicher sein dürfen, daß sie vollständig erfaßt worden sind. Sicher ist aber wohl, daß in diesen Fällen bei prinzipiell gleicher Konstruktion des Aufgehenden doppelte Wandreihen anzunehmen sind. Tatsächlich unterscheidet ja auch die Lex Baiuvariorum bei dem Wohnhaus des freien Mannes eine *domus interior* und eine *domus exterior*, also ein „inneres" und ein „äußeres" Haus. Damit scheint die Deutung dieses bisher nur im baiuwarischen Gebiet archäologisch nachgewiesenen und auch aus literarischen Quellen nur für den Stamm der Baiern belegbaren Gebäudetypus als Wohnhaus eindeutig.

Abb. 68
Kirchheim, Ldkr. München, Grundriß der Grubenhütte B, Ansicht von Süden.

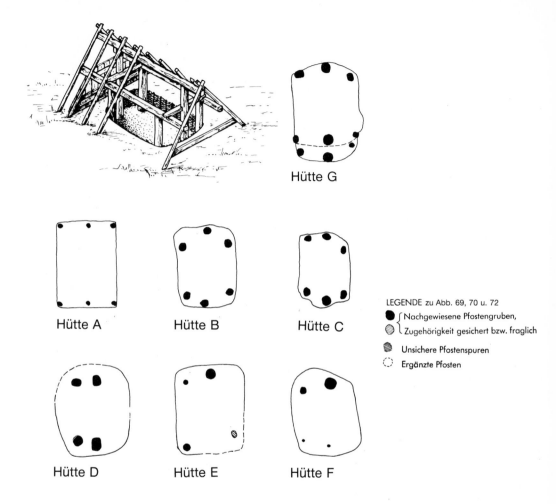

Hütte G

Hütte A

Hütte B

Hütte C

Hütte D

Hütte E

Hütte F

LEGENDE zu Abb. 69, 70 u. 72

● } Nachgewiesene Pfostengruben,
◍ } Zugehörigkeit gesichert bzw. fraglich

◍ Unsichere Pfostenspuren
◌ Ergänzte Pfosten

Abb. 69
Kirchheim, Ldkr. München. Grundrisse der 1970 aufgefundenen Grubenhütten und Rekon-
struktionsvorschlag für den Hüttenaufbau. Grundrisse M. 1:150.

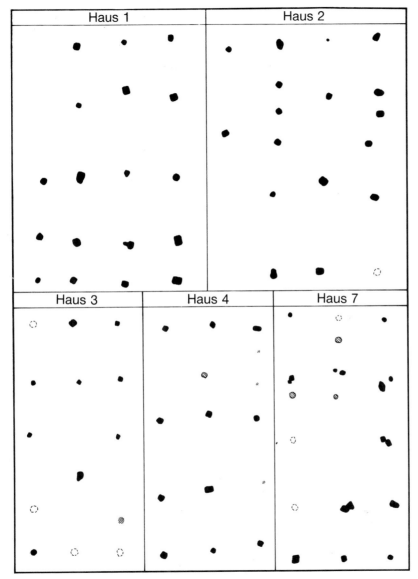

Abb. 70
Kirchheim, Ldkr. München. Grundrisse ebenerdiger Großbauten mit drei Pfostenreihen
(„Scheunen"). M. 1:200.

Abb. 70 u. 71   Die einfacheren Großbauten aus nur drei Längsreihen von Pfosten haben verschiedenen Funktionen gedient, wie unter anderem die 1980 durch R. Christlein unternommenen weiteren Grabungen in der Kirchheimer Siedlung gezeigt haben. Im Einzelfall wird die Interpretation dadurch erschwert, daß die frühmittelalterlichen Laufflächen längst der Bodenbearbeitung durch den mittelalterlichen Ackerbau zum Opfer gefallen sind. Deshalb konnten sich die Spuren der Feuerplätze und andere Einbauten im Innern der Häuser nicht erhalten. Sicher ist aber, daß auch die meisten Kirchheimer Wohnhäuser den einfacheren Grundriß aus drei Pfostenreihen besaßen. Vielleicht spiegeln sich in der unterschiedlichen Ausstattung der Gebäude die Standesunterschiede der einstigen Bauherren wider. Jedenfalls bemißt das frühmittelalterliche Volksrecht der Baiern den Wert des Wohnhauses des Freien und des Unfreien offenbar sehr unterschiedlich.

Wir zitieren im Folgenden den einschlägigen Teil des Titels X der Lex Baiuvariorum in der Übersetzung von Konrad Beyerle nicht zuletzt deshalb so ausführlich, weil er eine Reihe wesentlicher Detailangaben enthält, die zur Deutung der Grabungsbefunde beitragen können.

Abb. 73

"Wenn einer aus Neid oder Haß zur Nachtzeit Feuer anlegt und das Haus eines Freien oder eines Knechtes in Brand setzt, der büße zunächst nach dem Stande der Person alle Gebäude und ersetze sie. Und was dabei verbrannt ist, jedwedes Hausgerät, das ersetze er. Und wieviele Freie aus dieser Feuersbrunst nackt entkommen sind, einem jeden büße er mit seiner Buße um ‚revavunti' (Leibwunde). Den Frauen aber soll doppelte Vergütung geschehen. Endlich büße er den Dachfirst mit 40 Schillingen.

Von der Scheuer aber eines Freien, wenn sie von Wänden umgeben und mit Riegel und Schloß gesichert ist, büße er den First mit 12 Schillingen. Wenn sie aber nicht abgeschlossen war, sondern eine solche ohne Wände, was die Baiern einen ‚scof' (Schopf) nennen, die büße er mit 6 Schillingen; und jenen Getreidebehälter, den sie ‚parch' (Berge) nennen, büße er mit 4 Schillingen. Von einer Miete aber, wenn er sie abdeckt oder in Brand steckt, büße er mit 3 Schillingen. Von einer kleineren aber, die sie ‚scopar' (Schober) nennen, büße er mit 1 Schilling und erstatte all dies mit Gleichwertigem.

Wenn einer ein für sich stehendes Gebäude eines andern, als da ist ein Badhaus, eine Küche oder sonst etwas derartiges, zerstört oder den First herausreißt, was sich öfters ereignet, oder in Brand steckt, was sie ‚firstfalli' (Firstfällung) nennen, der büße es mit 3 Schillingen und erstatte das Zerstörte oder Verbrannte.

Wenn jemand aber Feuer an ein Haus legt, so daß die Flamme herausschlägt, das Haus aber nicht niederbrennt und von dem Gesinde gerettet wird, der büße jedem Freien mit seiner Buße um ‚hrevavunta' (Leibwunde) deshalb, weil er sie in ‚inunvam' (Unwahn), wie sie es nennen, d.h. in Verzweiflung am Leben gebracht hat; sonst soll er nicht mehr büßen als was das Feuer verzehrte. Die herzogliche Strafe jedoch soll ungeschmälert bleiben. Und wenn er hiervon etwas leugnen wollte, so verteidige er sich mit einem Kämpfer oder schwöre mit 12 Eidhelfern. Von Firstfällung, begangen durch Knechte, büße ein jeder mit Handverlust.

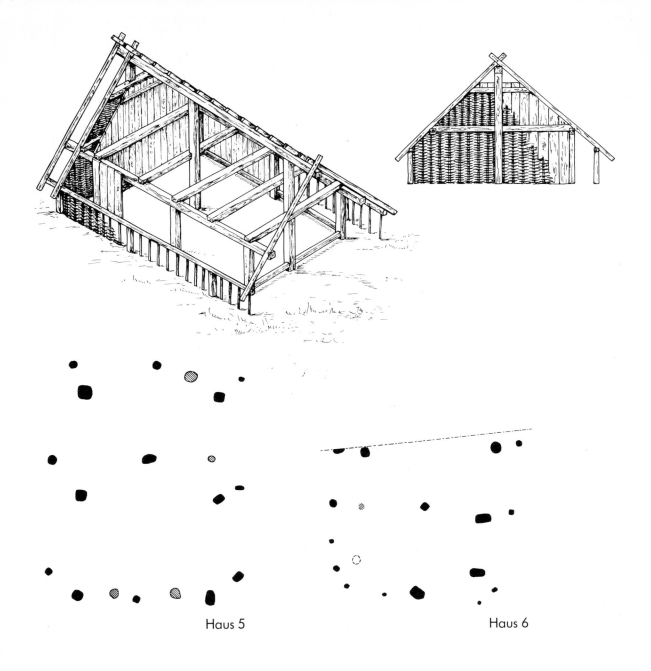

Haus 5

Haus 6

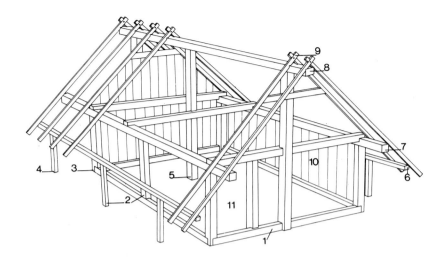

Abb. 73
Schema des frühbaiuwarischen Wohnhauses nach der lex Baiuvariorum (nach T. Gebhard) mit vielfach zweisprachiger Benennung der einzelnen Gerüstteile. 1 liminare (Türschwelle); 2 columna – sul (Säule); 3 winchilsul (Winkelsäule); 4 columna angularis (Ecksäule); 5 columna, a qua culmen sustentatur – firstsul (Firstsäule); 6 trabs exterior (Rähm der äußeren Wand); 7 trabs – bretton (Rähm der inneren Wand); 8 culmen – first (Firstbalken); 9 asseres (Dachsparren, Rofen); 10 axes (Bretter, Dielen); 11 domus interior (inneres Haus).

◀ Abb. 72
Kirchheim, Ldkr. München. Grundrisse zweier ebenerdiger Häuser mit fünf Pfostenreihen und Rekonstruktionsvorschlag für den Aufbau. Grundrisse M. 1:150.

Da wir nunmehr die Rede vom Anzünden der Häuser als beendigt erachten, wird es nicht unschicklich sein, daß wir über die Zerstörung von Hausbauten handeln.

Wenn jemand in verbrecherischer Absicht oder aus sonst einem Grunde, aus Verwegenheit oder Feindschaft oder auch aus Fahrlässigkeit oder geradezu aus Dummheit, einem Freien den First einreißt, der büße dem Herrn des Hauses mit 40 Schillingen.

Wenn er jenen Pfosten herausreißt, von welchem der First getragen wird, den sie ‚firstsul' (Firstsäule) nennen, der büße es mit 12 Schillingen.

Wenn er von dem inneren Gebäude jenen Pfosten herausreißt, den sie ‚winchilsul' (Winkelsäule) nennen, der büße es mit 6 Schillingen.

Die andern aber in dieser Reihe sollen mit 3 Schillingen gebüßt werden.

Einen Eckpfosten der äußeren Reihe aber büße er mit 3 Schillingen.

Jene andern Pfosten dieser Reihe büße er einen jeden mit 1 Schilling.

Die Balken aber büße er einzeln mit 3 Schillingen.

Die äußeren Balken aber, die sie ‚spanga' (Spangen) nennen, weil sie die Ordnung der Wände zusammenhalten, büße er mit 3 Schillingen.

Alles übrige aber, als Sparren, Ziegel, Bohlen oder was sonst in ein Haus verbaut ist, soll er jedes einzelne mit 1 Schilling büßen ...“

Trotz dieser vielen hauskundlichen Einzelheiten bleibt die Funktion der in Kirchheim in großer Zahl gefundenen Beispiele der kleinsten Gebäudeeinheiten, der Grubenhütten, ungewiß. Vermutlich haben sie verschiedenen Funktionen gedient. Da sie in keinem Falle mit einer Feuerstelle ausgestattet waren (diese hätten sich an der Grubensohle mit Sicherheit feststellen lassen), waren sie bestimmt keine Wohnungen, Küchen oder Backstuben. Sie werden für verschiedene handwerkliche Verrichtungen benutzt worden sein, z.B. als Webhäuser, und zur frostgeschützten Einlagerung bestimmter Früchte für den Winter. – Andere Vorräte, z.B. Brotgetreide und Saatgut mußten dagegen vor allem vor Feuchtigkeit und Ungeziefer geschützt werden. Sie wurden auf erhöhten überdachten Podien eingelagert, mit denen wir vielleicht einfache Vierpfostengrundrisse in Zusammenhang bringen dürfen, die gelegentlich festgestellt wurden.

Abb. 69

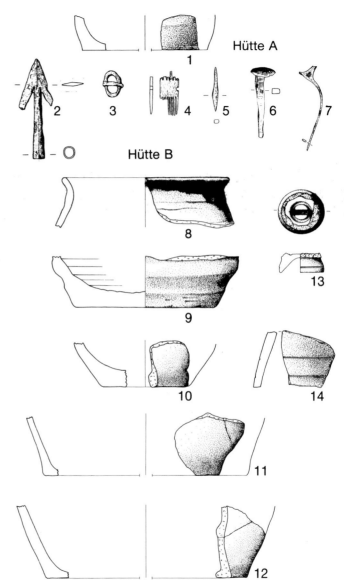

Hütte A

Hütte B

Abb. 74
Kirchheim, Ldkr. München. 1 Tongefäßbruchstück aus der Grubenhütte A. Nicht abgebildet
sind 12 Eisenschlacken und 4 Glimmerbrocken.
Glimmer wurde von den frühmittelalterlichen
Töpfern dem Ton als Magerungsmittel beigegeben. – 2–14 Funde aus Grubenhütte B, darunter
eiserne Pfeilspitze (2), eisernes Schnällchen (3),
Kammfragment aus Knochen (4), eiserne Stichel-
spitze (5) und Bodenteil eines römischen Terrasi-
gillatagefäßes mit Töpferstempel (13). Dieses
antike Fundstück hatte für die baiuwarischen
Finder vermutlich eine magische Bedeutung.
Nicht abgebildet sind wiederum mehrere Me-
tallschlacken und einige Glimmerbrocken.
M. 1:3.

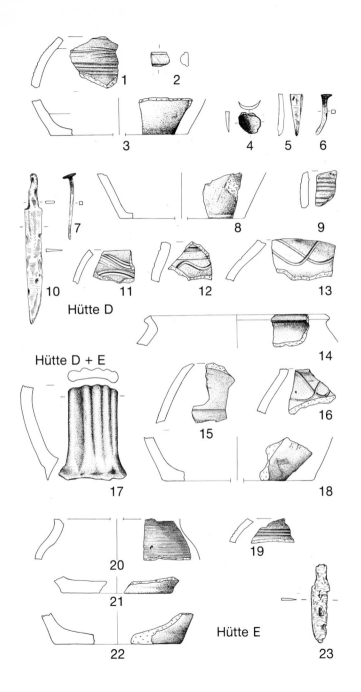

1 2
3 4 5 6
7 8 9
10 11 12 13

Hütte D

14

Hütte D + E

15 16

17 18

19

20

21

22

Hütte E

23

Abb. 75

◀ Abb. 75
Kirchheim, Ldkr. München. 1–6 Funde aus Grubenhütte C, darunter Fragment eines keltischen Glasarmringes (2) und Bruchstück wohl von einem Löffelbohrer (4). Das keltische Fundstück diente – wie Funde aus bajuwarischen Gräbern beweisen – zweifellos als Amulett. Nicht abgebildet sind fünf Eisenschlacken, eine Gefäßscherbe und ein Eisennagel. – 7–13 Funde aus Grubenhütte D, darunter ein Eisenmesser. Nicht abgebildet sind zahlreiche Eisenschlacken, ein Nagel und zwei Glimmerbrocken. – 14–18 Funde aus der Überschneidungszone der Hütten D und E. Nicht abgebildet sind zahlreiche Schlacken und ein Glimmerbrocken. – 19–23 Funde aus Grubenhütte E, darunter nicht ganz vollständiges Eisenmesser (23). Nicht abgebildet sind zahlreiche Schlacken und ein Glimmerbrocken. M. 1:3.

Abb. 76 ▶
Kirchheim, Ldkr. München. 1–15 Funde aus Grubenhütte F, darunter Teile von drei Eisengeräten (7–9) und ein Eisenmesser mit Blutrinne (11). Nicht abgebildet sind einige Eisenfragmente, ein Ziegelstück und zahlreiche Eisenschlacken. – 16–17 Tongefäßbruchstück und eiserner Meißel (?) aus Grubenhütte G. – 18 Tongefäßbruchstück aus dem Brunnen 2. Nicht abgebildet sind ein kleines Nadelfragment, ein Glimmerbrocken und einige Eisenschlacken. M. 1:3.

Abb. 77 ▶
Kirchheim, Ldkr. München. Funde aus der Einfüllung des Brunnenschachtes 1, darunter eine eiserne Riemenzunge (2), ein kleines Eisenmesser (3) und ein als Amulett benutzter Rinderknochen (11). 1–2 aus dem äußeren Schacht (= Hinterfüllung des eigentlichen Brunnenschachtes); 3–9 vorwiegend aus dem inneren Schacht; 10–17 aus dem inneren Brunnenschacht. Nicht abgebildet sind ein Hornzapfen mit Schnittspuren, ein Eisennagel, mehrere Glimmerbrocken und zahlreiche Eisenschlacken. M. 1:3.

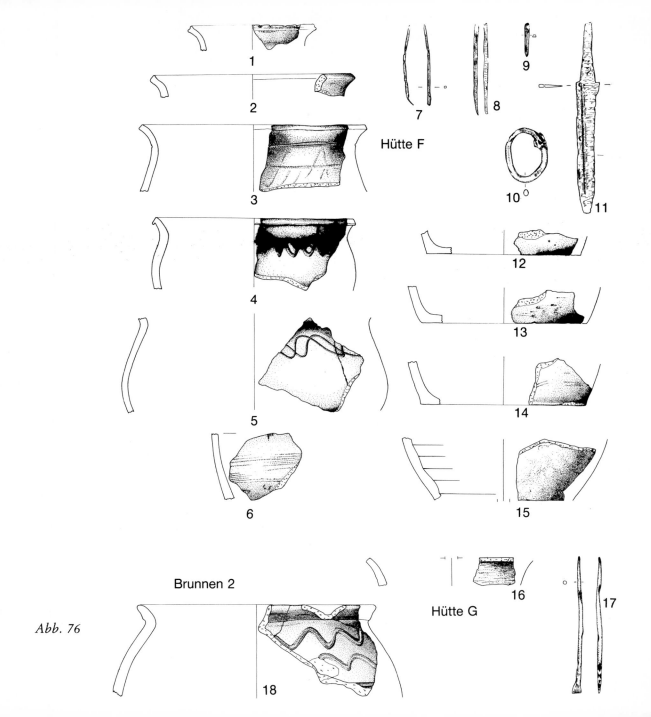

Hütte F

Hütte G

Brunnen 2

Abb. 76

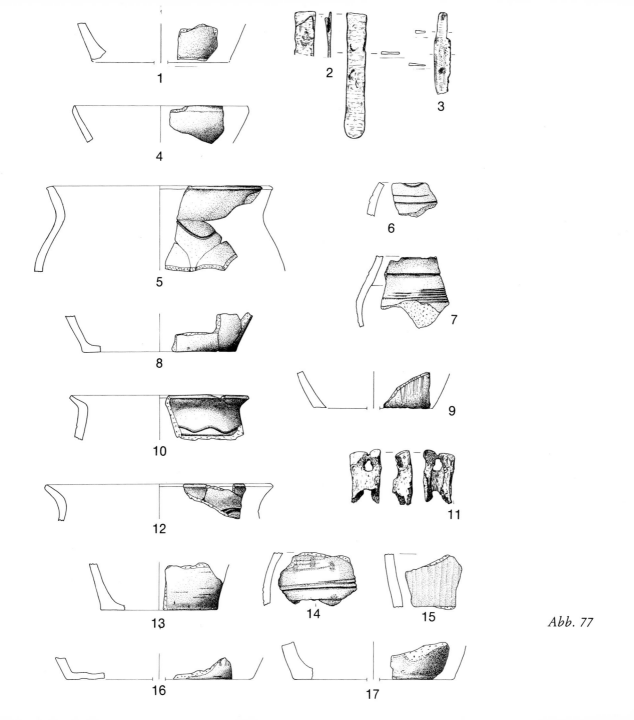

Abb. 77

Abb. 78
Kirchheim, Ldkr. München. Der Holzschacht am Grunde von Brunnen 2 in Fundlage.

Die Brunnen

Zu jedem Anwesen gehörte in Kirchheim ein Brunnen. Dies war jedoch nicht immer so, wie wir wiederum dem Baiernrecht (Titel X, 22) entnehmen können: *Wenn einer einen Brunnen mit irgendwelchem Schmutz verunreinigt oder besudelt, soll er ihn vor allem so reinigen, daß kein Verdacht einiges Unflates mehr zurückbleibt, und (dann) soll er es mit 6 Schillingen büßen oder er schwöre mit 6 Eidhelfern. – Wenn aber der Brunnen mehreren in der Nachbarschaft gehörte, so mögen sie die Buße unter sich ausmachen; sie (die Übeltäter) sollen aber den Brunnen in den vorigen Stand setzen.*

Die ausreichende Wasserversorgung war in Kirchheim deshalb garantiert, weil wegen der Nähe des „Mooses" bereits in wenigen Metern Tiefe der Grundwasserspiegel erreichbar war. Wir haben 1970 einen solchen Brunnen – notgedrungen mit dem Bagger – ausgegraben. Für seine Anlage hatte man im frühen *Abb. 66, 78 u. 79* Mittelalter eine kreisrunde Grube ausgehoben. Ihr Durchmesser von 4 m an der Oberfläche verringerte sich bis zur Sohle in 5,5 m Tiefe auf 0,9 m. In diesen „Trichter" wurde eine Holzverzimmerung aus vier genuteten Pfosten einge- *Abb. 80* bracht, zwischen die keilförmig zugeschlagene Wandbrettchen eingeschoben wurden. Hernach wurde der äußere Schacht wieder zugefüllt. Die dabei in die Einfüllung gelangten Siedlungsabfälle – darunter auch eine eiserne Riemenzunge des 7. Jahrhunderts – bestätigen uns das Alter der Brunnenanlage. *Abb. 77*

Kirchheim – ein frühmittelalterliches Dorf

Die Ansiedlung am Ostrand von Kirchheim, die offenbar bereits während der späten Agilolfingerzeit verödete, hatte eine respektable Größe. Dieser Befund widerlegt die Ansicht verschiedener Forscher, die für das frühe Mittelalter ausschließlich mit einer Hof-Siedlung rechnen wollten. Die Größe mancher Gräberfelder (z. B. Aubing) deutete indessen schon lange darauf hin, daß es auch regelrechte Dörfer gegeben haben muß. Der Befund in Kirchheim hat die entsprechenden Erwartungen sogar noch weit übertroffen.

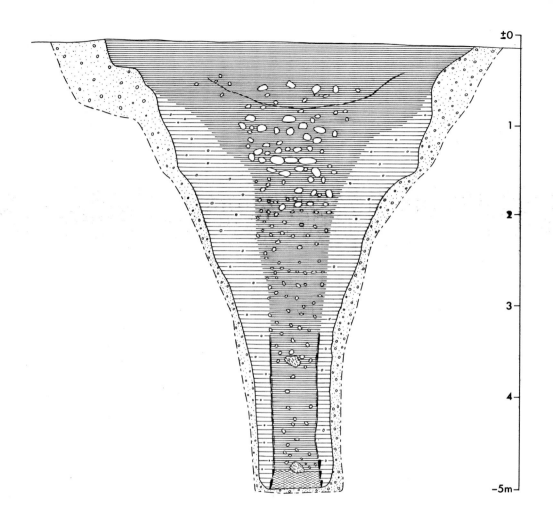

Abb. 79
Kirchheim, Ldkr. München. Profil des Brunnens 2. Durch intensivere Verfärbung zeichnete sich innerhalb der Baugrube der ursprüngliche Brunnenschacht ab. Im unteren Drittel war seine ehemalige Holzauskleidung als Kohlespur noch nachzuweisen. Erhalten war sie jedoch nur im untersten Teil der Grube. M. 1:40.

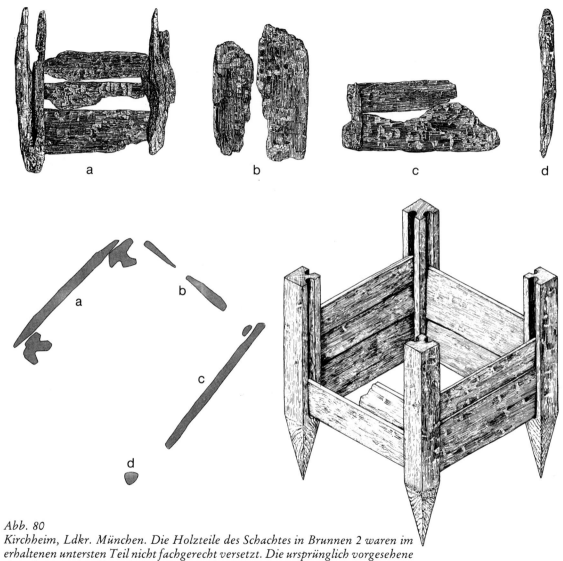

Abb. 80
Kirchheim, Ldkr. München. Die Holzteile des Schachtes in Brunnen 2 waren im erhaltenen untersten Teil nicht fachgerecht versetzt. Die ursprünglich vorgesehene Anordnung zeigt die Rekonstruktion rechts unten. M. 1:13,5.

Abb. 81
Aschheim, Ldkr. München. Die Pfarrkirche St. Peter u. Paul, Neubau von 1936. Beim
Ausschachten der Baugrube für den Turm fand man einige Beigabengräber des 7. Jahrhunderts.

Die Anfänge von Aschheim,
Ldkr. München
Literarische Nachrichten aus der Agilolfingerzeit

Während des letzten Viertels des 7. Jahrhunderts hielt sich am Hof des baierischen Herzogs Theodo ein Missionar, der fränkische Wanderbischof Emmeram auf. Seine Absicht war es, zu den Awaren weiterzureisen, um ihnen das Christentum zu predigen. Daran wurde er jedoch vom Herzog gehindert. Nachdem es zu Mißhelligkeiten gekommen war, brach Emmeram – vermutlich in den achtziger Jahren des 7. Jahrhunderts – heimlich zu einer Romreise auf. Er kam jedoch nicht weit, da er von Lantpert, einem Sohn des Herzogs, verfolgt und bei Kleinhelfendorf gestellt und grausam gemartert wurde. Daraufhin entschlossen sich die Reisegefährten des Bischofs, den Schwerverletzten in die *villa publica Aschaim* zu bringen, wo sich – wie sie wußten – eine *ecclesia beati Petri apostoli moeniis constructa* – eine dem hl. Apostel Petrus geweihte Steinkirche befand. Emmeram hat Aschheim allerdings nicht mehr lebend erreicht. Unterwegs ist er seinen Wunden erlegen. Trotzdem hat man aber seinen Leichnam nach Aschheim gebracht und in der dortigen Kirche beigesetzt. So jedenfalls berichtet es Arbeo, der spätere Bischof von Freising (seit 765) in der um 760 verfaßten *vita sancti Haimhrammi Martyris*, die damit auch den ältesten literarischen Hinweis auf Aschheim enthält.

Arbeo kannte die Örtlichkeit sicher sehr gut; denn in Aschheim hat rund 70 Jahre nach Emmerams Tod im Jahre 756 eine baierische Kirchensynode stattgefunden, an der er vermutlich als Begleiter des damaligen Bischofs Erembert teilgenommen hat. Zu diesem Zeitpunkt war allerdings Emmerams Leichnam längst nach Regensburg transferiert.

Abb. 82 ►

Aschheim, Ldkr. München. Grundrißplan der 1935 abgebrochenen Kirche im Grundriß des Neubaues. 1–3 ungefähre Lage der 1936 aufgefundenen Gräber. M. 1:250.

Entdeckungen und Ausgrabungen in der Pfarrkirche

Abb. 81

Die Aschheimer Pfarrkirche St. Petrus und Paulus wurde in den Jahren 1935/37 von Grund auf neu gebaut. Nachdem das Kirchenschiff bereits wieder aufgeführt war, wurde auch der alte Kirchturm abgebrochen. Unter ihm

Abb. 93,15

wurden drei gut ausgestattete Gräber des 7. Jahrhunderts gefunden. Erst die mehrere Jahre nach dem 2. Weltkrieg erfolgte genauere Analyse ihrer Beigaben erbrachte, daß es sich bei den Bestatteten um Zeitgenossen des frühmittelalterlichen Märtyrers gehandelt haben mußte.

Abb. 82

Der neue Kirchenbau wurde gegenüber dem Vorläufer um einige Meter nach Norden versetzt, so daß ein Teil des alten Standortes nun außerhalb zu liegen kam. Da man diesen Bezirk in der darauffolgenden Zeit nicht mit Gräbern belegt hatte, konnten hier 1967 und 1969 archäologische Grabungen durchge-

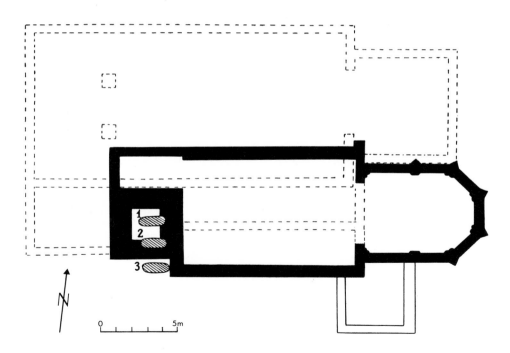

führt werden, die auch auf das heute als Sakristei dienende ehemalige Presbyterium ausgedehnt wurden. Sie ergaben, daß auf dem Gelände der Pfarrkirche mindestens bereits in der Zeit um 600 ein Gräberfeld einer wohlhabenden Familie angelegt worden ist, das in ununterbrochener Folge bis heute benutzt wird. Aus einem der ältesten Gräber, dem eines dreijährigen Kindes, stammt eine Goldmünze, ein wahrscheinlich im langobardischen Oberitalien geprägter Goldtriens. Er ist als barbarische Nachprägung frühestens des ausgehenden 6. Jahrhunderts nach einer Goldmünze des byzantinischen Kaisers Justinus II. zu identifizieren. Diese Münze fand sich im Mund des kleinen Toten. Nach heidnischer Vorstellung war sie als Fährgeld für Charon gedacht, der dem Verstorbenen auf der Reise in die Unterwelt behilflich sein mußte und entsprechend zu entlohnen war.

Abb. 83

Abb. 85

Auf dem Friedhof wurde bereits kurz nach der Anlage dieser ältesten Gräber erstmals eine Kirche errichtet. Der Zeitpunkt ist deshalb so genau zu bestimmen, weil dabei die Gräber teilweise überbaut wurden und weil andererseits ein jüngeres Grab, das während der ersten Hälfte des 7. Jahrhunderts angelegt worden ist, die Baugrube eines Pfostens der Kirche etwas beeinträchtigte.

Abb. 84

Die Holzkirche der Zeit um 600

Das älteste Gotteshaus war ein Holzbau, der nach ähnlichen Prinzipien konstruiert war wie die Kirchheimer Häuser. Obwohl nur wenige Pfostenspuren des Grundrißgefüges zugänglich bzw. erhalten waren, kann der Bau zuverlässig nach analogen Befunden (z. B. in Brenz/Württemberg) rekonstruiert werden. In seiner Umgebung wurden weiterhin die Toten bestattet. Unter ihnen sind u. a. zwei Kinder wegen besonders wertvoller Beigaben herausgehoben, die vor der Westwand in unmittelbarer Nachbarschaft der 1936 aufgefundenen Erwachsenengräber bestattet lagen. Das eine, nach der anthropologischen Bestimmung ein etwas über ein Jahr altes Mädchen, trug am Hals außer einigen Glasperlen zwei mit Filigranauflagen verzierte Goldanhänger. Sie waren am unteren Rand ganz leicht abgenutzt, was darauf hindeutet, daß sie von

Abb. 71

Abb. 87

dem kleinen Kind tatsächlich getragen worden sind. Nicht getragen und sichtlich nur lose beigelegt an der linken Schulter waren dagegen zwei Goldohrringe mit kugelartigen Bommeln. Das andere Kind ist als etwa siebenjähriges Mädchen zu bestimmen. Seine Goldohrringe lagen beidseits am Kopf, waren also angelegt, und waren – wie sich zeigte – wegen ungeschickter Handhabung offensichtlich auch einmal beschädigt und wieder repariert worden. An der Stirne trug die Kleine ein mindestens 2 cm breites golddurchwirktes Stirnband, eine Vitta, an deren Goldlahnen aus Knicken noch das ehemalige Textilmuster aus Swastiken und Doppelkreuzen abzulesen ist. Neben dem Goldschmuck besaß jedes der beiden Mädchen zwei einfache Silberdrahtarmringe und verschiedenartige heidnische Amulette, darunter je eine Cauri-Schnecke.

Die beiden Kinder waren höchstwahrscheinlich Schwestern; sie waren Angehörige einer sehr wohlhabenden, sicher christlichen Familie. Das geht auch aus einigen sehr kostbaren goldenen Schmuckstücken hervor, die bereits um 1936

Abb. 87

Abb. 86 u. 88

Abb. 83
Aschheim, Ldkr. München. Plan der Gräber des
6. Jahrhunderts und Gräbchenspuren vielleicht
von einem Zaun. M. 1:200.

0   5   10 m

Abb. 84
Aschheim, Ldkr. München. Grundriß und Rekonstruktion der Holzkirche (= Kirche 1) im zeitgenössischen Gräberfeld, Ansicht von Südosten. Der leere Grabschacht im Inneren bezeichnet vermutlich die ursprüngliche Begräbnisstelle des hl. Emmeram. M. des Planes 1:200.

0   5   10 m

Abb. 85
Aschheim, Ldkr. München. Goldmünze aus Grab 25, einem Knabengrab. Die Bestattung erfolgte in der Zeit kurz vor oder um 600 am späteren Standort der Holzkirche. Durchmesser der Münze 1,35 cm.

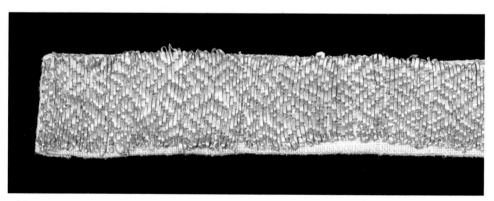

Abb. 86
Aschheim, Ldkr. München. Ausschnitt der goldenen Vitta aus Mädchengrab 5. Die roten Fäden sind an den auf den Goldlahnen deutlich sichtbaren Abdruckstellen des ehemaligen Gewebes neu eingezogen. Breite des Bandes um 2,2 cm.

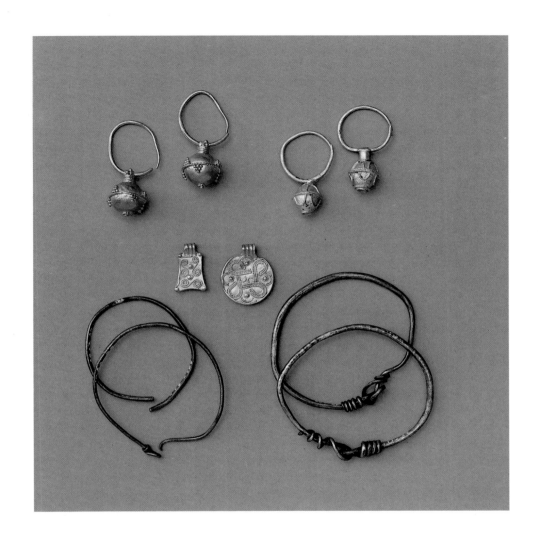

Abb. 87
Aschheim, Ldkr. München. Gold- und Silberschmuck aus zwei Mädchengräbern. Links und
Mitte Grab 11, rechts Grab 5. Größter Durchmesser des Armringes rechts unten 4,8 cm.

Abb. 90

gefunden, aber erst Ende 1984 bekannt geworden sind. Es handelt sich um einen Ohrring, der ursprünglich Steineinlagen und eine wohl kugelförmige Bommel besaß, um einen Fingerring mit antiker Gemme, in die das Bild des Äskulap eingeschnitten ist, und um ein zweiteiliges Goldblattkreuz, das einst auf einen Totenschleier aufgenäht war. Diese Schmuckstücke stammen vermutlich aus einem Frauengrab, vielleicht aus dem Grab der Mutter der bei der Grabung gefundenen Mädchen. Da Aschheim durch die Bezeichnung *villa publica* im 8. Jahrhundert als Besitz des baierischen Herzogs ausgewiesen ist, könnte es sich beim Vater der kleinen Toten um den adeligen Dienstmann des Herzogs, vielleicht aber auch eines anderen Großen jener Zeit gehandelt haben. Auf jeden Fall aber war er eine hochgestellte Persönlichkeit in der Hierarchie der damaligen Gesellschaft.

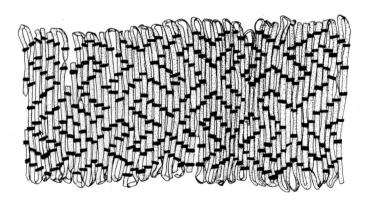

Abb. 88
Aschheim, Ldkr. München. Musterausschnitt der Goldvitta aus Mädchengrab 5. Der Goldgrund der Lahnen ist durch die mit ihnen verwobenen Fäden je nach Auflösung der Zierbahnen in Mäanderlinien, Swastiken oder Doppelkreuze aufgeteilt. M. 2:1.

Abb. 89 ▶
Aschheim, Ldkr. München. Spätgotische Grabplatte in der Pfarrkirche mit dem Bildnis des hl. Emmeram.

Abb. 90
Aschheim, Ldkr. München. Goldfunde aus einem beim Abbruch der Kirche im Jahre 1935/36
gefundenen Grab. Höhe des Goldblechkreuzes 5,9 cm.

Ein Märtyrergrab?

Im Inneren der Holzkirche, und zwar in ihrem Südostteil, wurde nur ein einziges Grab gefunden, dessen Schacht jedoch vollständig leer war. Es lag nahe – trotz Arbeos anders lautendem Hinweis über die Beschaffenheit der Kirche – an die Überlieferung über die zeitweilige Begräbnisstätte Emmerams zu denken. Für eine entsprechende Interpretation des leeren Grabes gibt es nämlich noch weitere Indizien. Zumindest seit dem hohen Mittelalter wurde nicht weit davon entfernt im Südteil des Langhauses das leere Grab Emmerams verehrt. Davon hat sich u. a. eine spätgotische Grabplatte erhalten, die das Bildnis des Bischofs trägt und deren Umschrift besagt: *Alhie ist begraben gebesen der heilig pisch(of) Sant Heimeran XL tag ut XL nacht ut leit nu zue regespurg zue seine pistum.* Der ursprüngliche Standort der Grabplatte konnte bei den Grabungen genau lokalisiert werden. Es zeigte sich, daß die Anlage ältere Vorläufer hatte.

Abb. 84

Abb. 89

Die Steinkirche der Zeit um 700

Bald nach der Überführung Emmerams nach Regensburg, vielleicht noch während des ausgehenden 7. Jahrhunderts, wurde der hölzerne Kirchenbau durch einen Steinbau ersetzt. Das geht aus Gräbern hervor, die im Inneren dieser zweiten Aschheimer Kirche angelegt worden sind. Sie enthielten einige einfache Gürtelschließen als Überreste der Kleidung, die eine entsprechende Datierung ermöglichen.

Abb. 91

Die älteste Steinkirche war, wie nach den allein erhaltenen geringen Fundamentresten angenommen werden muß, aus relativ kleinformatigen Tuffsteinen in Kalkmörtelbindung errichtet. Für ihre andeutungsweise Rekonstruktion wird vorausgesetzt, daß die Ausdehnung in der Ost-West-Richtung jene des archäologisch gut faßbaren romanischen Baues nicht überschritten hat. Dies ergibt für Kirche II einen Chor von sehr geringer Tiefe, wofür sich aus der gleichen Zeit Vergleichsbeispiele finden lassen. Hinsichtlich der Breite wurde die Achse der hölzernen Vorgängerkirche als verbindlich angenommen.

Abb. 92

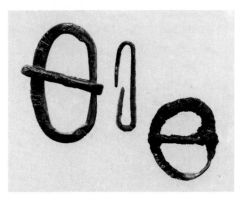

Abb. 91
Aschheim, Ldkr. München. Gürtelzubehör aus zwei spätmerowingerzeitlichen Gräbern im Inneren der ältesten Steinkirche (= Kirche 2). Rechts Eisenschnalle aus Grab 14, links Bronzeschlaufe und -schließe aus Grab 4. Breite des Schnallenbügels links 4,7 cm.

Bei dieser ältesten Aschheimer Steinkirche hat es sich demnach um die *ecclesia moeniis constructa* gehandelt, die Arbeo anläßlich der Synode von 756 kennengelernt hat. Wahrscheinlich war das Gotteshaus sogar der unmittelbare Tagungsort der damaligen Kirchenversammlung. Arbeos ausdrücklicher Hinweis auf die Beschaffenheit der Aschheimer Kirche zeigt deutlich, daß der hiesige Steinbau zu seiner Zeit noch erwähnenswert war, weil er sich von den üblichen Holzbauten abhob. In dieser Hinsicht war die älteste Aschheimer Kirche – wie die Grabung ergeben hat – zu Emmerams Zeiten noch nicht bemerkenswert. Bemerkenswert muß damals allerdings – vor allem aber zum Zeitpunkt ihrer Errichtung im frühen 7. Jahrhundert – gewesen sein, daß überhaupt bereits ein Gotteshaus existiert hat.

Unmittelbar nördlich der Kirche wurden 1970 durch einen Probeschnitt Siedlungsspuren festgestellt. Da sich abzuzeichnen schien, daß sich das Siedlungsareal auf den angrenzenden Pfarrgarten erstreckt, wurde damals der Grundeigentümer nachdrücklich darauf hingewiesen, daß einer etwaigen Bebauung archäologische Untersuchungen vorausgehen müßten. Inzwischen wurde hier ein Begegnungszentrum errichtet. Die Archäologie ist dabei leider

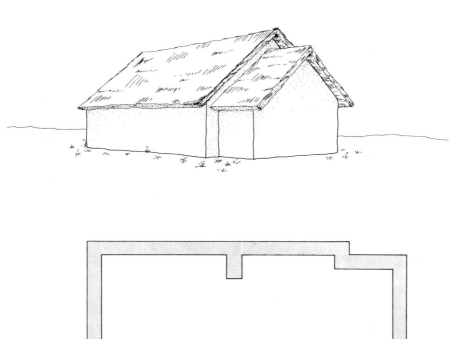

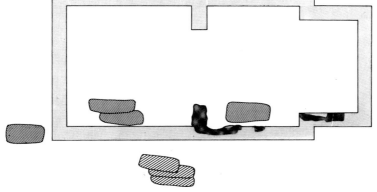

Abb. 92
Aschheim, Ldkr. München. Grundriß und Rekonstruktion der ältesten Steinkirche (Kirche 2) im zeitgenössischen Friedhof; Ansicht von Südosten. M. des Planes 1:200.

wieder einmal zu kurz gekommen, da das Landesamt für Denkmalpflege von der Baumaßnahme nichts erfuhr. Man ist in Aschheim der Begegnung mit der eigenen Vergangenheit jedenfalls ausgewichen. Noch am Nordrand der Baugrube waren 1980 grubenartige Eintiefungen zu sehen, die es zur Gewißheit machen, daß hier wichtige Geschichtsquellen leichtfertig und unwiederbringlich zerstört worden sind.

Die Siedlungsstellen in der Aschheimer Gemarkung

Neben der durch die Kirche und ihre Sepultur nachgewiesenen Siedlungszelle gab es im Gebiet von Aschheim noch einige weitere Fundstellen. Schon im Jahre 1838 brachte der kgl. Wegbaumeister Joseph Hager in Erfahrung, daß beim Kiesabbau *vor und außerhalb Aschheim . . . mehrere Teile von menschlichen Gerippen, Knochen, Köpfe, dann auch Pferdegerippe ausgegraben* worden seien, und dies angeblich schon seit vielen Jahren. Bei einer „Nachgrabung" in der Grube westlich vom Ort fand Hager noch im gleichen und im darauffolgenden Jahr weitere Gräber und auch Beigaben. Eine möglicherweise zugehörige Siedlung konnte erst kürzlich ca. 300 m südwestlich von der damaligen Fundstelle entfernt durch den Luftbildarchäologen des Bayerischen Landesamtes für Denkmalpflege lokalisiert werden. Genauere Aufschlüsse über Zeitstellung und Größe könnte freilich nur eine sorgfältige Ausgrabung erbringen. Die Beigaben aus den im 19. Jahrhundert gefundenen Gräbern sind teilweise noch erhalten und bestätigen die frühmittelalterliche Zeitstellung der Grabanlagen. Bei der in Zukunft zu erwartenden Bebauung im Umfeld der ehemaligen Kiesgrube an der Münchener Straße sollte deshalb besonders sorgfältig auf archäologische Funde geachtet werden.

Abb. 93,16

◀ *Abb. 93*
Aschheim, Ldkr. München. Fundkarte zur frühmittelalterlichen Besiedlung von Aschheim. Nr. 15–19 u. 21 sind frühmittelalterliche Fundstellen, bei Nr. 20 u. 38 handelt es sich um Grabfunde der römischen Kaiserzeit. Die Siedlungsstellen D–F sind gegenwärtig noch nicht zeitlich einzuordnen. M. etwa 1 : 15000. (Nach H. Dannheimer u. G. Diepolder)

135

Abb. 94
Aschheim, Ldkr. München. Ausschnitt einer frühmittelalterlichen Siedlungsstelle östlich des Ortes. Innerhalb der Siedlung zeichnen sich neben Pfostengruben ebenerdiger Gebäude, Grubenhütten und Brunnenschächten auch die Grabschächte eines kleinen Friedhofes ab. Norden rechts. Luftaufnahme durch O. Braasch, Bayer. Landesamt f. Denkmalpflege (freigeg. v. d. Reg. von Oberbayern Nr. 9156–82).

Abb. 95 ▶
Aschheim, Ldkr. München. Ausschnitt einer frühmittelalterlichen Siedlungsstelle im Südostteil des heutigen Ortes mit Pfostengruben ebenerdiger Großbauten und Grubenhütten. M. 1:100

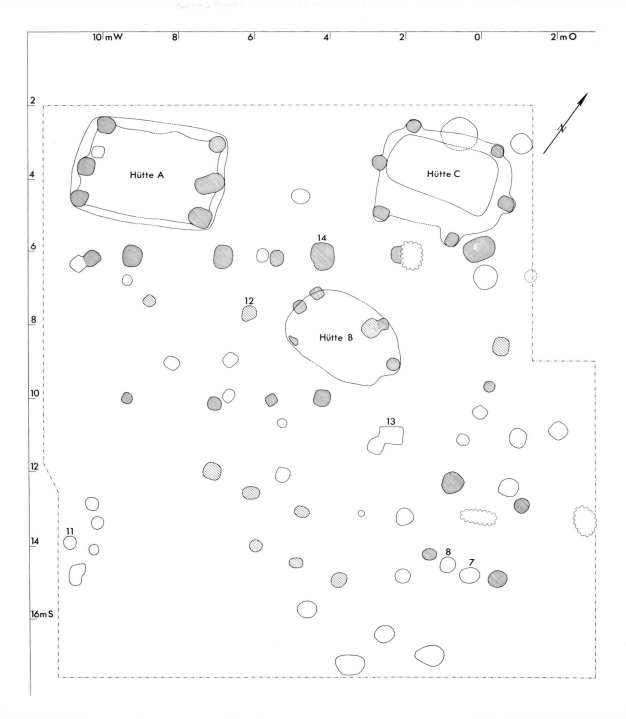

Abb. 93,18	Eine überraschende Entdeckung wurde auch östlich von Aschheim gemacht. Hier konnte das Bayerische Landesamt für Denkmalpflege durch Luftaufnahmen die längst eingeebnete kleine Kiesgrube des 19. Jahrhunderts wieder
Abb. 94	lokalisieren, in der damals Gräber des frühen Mittelalters ohne genauere Beobachtungen zerstört worden waren. Jetzt stellte sich heraus, daß die Materialgrube inmitten einer frühmittelalterlichen Siedlung liegt, in deren Bereich auch noch eine weitere Gräbergruppe liegt.
Abb. 93,17	Im südlichsten Teil des Dorfes wurden 1971 im unmittelbaren Hofbereich zweier Anwesen Wohngebäude errichtet. Bei den notwendigen Erdbewegungen beobachtete der Schubraupenfahrer Verfärbungen im Boden, worüber er dankenswerterweise die Prähistorische Staatssammlung informierte. Durch die
Abb. 95	sofort angesetzte Notbergung ließen sich die Grundrisse mehrer Grubenhütten, Spuren ebenerdiger Großbauten und ein Brunnenschacht erfassen. Die Funde aus den Gruben, meist Scherben zerbrochener Tongefäße, stellen die Datierung der Siedlungsstelle in das 7. Jahrhundert sicher. Durch Luftbilder ist inzwischen nachgewiesen worden, daß sie sich weit nach Osten in heute unbebautes Land erstreckt hat.

Zwei Kriegergräber im Kreisgraben

Abb. 93,19	Noch weiter südlich vom Ort, an der Straße nach Feldkirchen, konnte 1969 anläßlich der Verbreiterung der Straße ebenfalls eine Siedlung des frühen Mittelalters festgestellt und neben anderen Spuren eine Grubenhütte untersucht werden. Bemerkenswert war vor allem eine bei gleicher Gelegenheit
Abb. 97	entdeckte Grabanlage, die im März 1970 ausgegraben wurde: ein Kreisgraben von maximal 9 m Durchmesser, der die Gräber zweier junger Männer

Abb. 96 ▶
Aschheim, Ldkr. München. Befundaufnahme und Beigaben der beiden Männergräber im Kreisgraben an der Straße nach Feldkirchen. Die gleichartige Ausstattung mit einschneidigem Schwert, Rasiermesser und Messer läßt auf die soziale Ebenbürtigkeit der beiden Personen schließen. Waffen M. etwa 1:5, übrige Beigaben etwa 1:3; Pläne o.M.

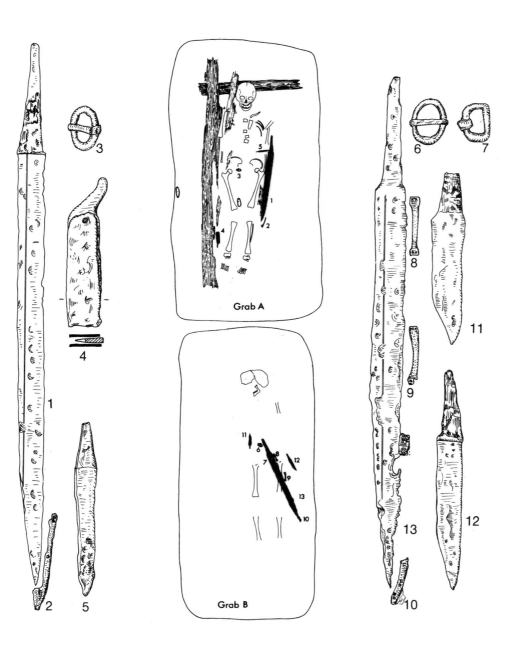

Grab A

Grab B

Abb. 96
umschloß. Beide hatten völlig übereinstimmende Ausstattungen erhalten: ein einschneidiges Eisenschwert, ein Messer, ein Rasiermesser; dazu fanden sich ein bzw. zwei Eisenschnallen von der Kleidung. In der Achsenverlängerung des einen, ziemlich genau in der Mitte des Kreises gelegenen Grabes fanden wir eine Grube für einen Holzpfosten. Wahrscheinlich handelte es sich dabei um eine Grabstele. Die beiden Männer wurden in der Zeit um 700 bestattet. Es ist möglich, daß über ihren Gräbern ein Hügel errichtet worden war. Angesichts der intensiven landwirtschaftlichen Nutzung des Geländes könnten entsprechende Spuren jedenfalls längst verwischt worden sein.

Zukünftige Beobachtungen müssen ergeben, ob die beiden Gräber wirklich isoliert lagen. Sie waren eindeutig aufeinander bezogen, doch können die zwei Waffenbrüder durchaus zu unterschiedlichen Zeiten verstorben sein. Trotzdem erinnert der Befund in gewisser Weise an eine im Reihengräberfeld von

Abb. 98
München-Aubing mehrfach beobachtete Grabsitte. Hier fanden wir verstreut über den Friedhof vier Doppelbestattungen von (meist jungen) Männern, die jeweils paarweise im gleichen Schacht lagen und infolgedessen gleichzeitig bestattet worden sein müssen. Da in keinem Falle Anzeichen gewaltsamer äußerer Einwirkung festzustellen waren, bleibt der Befund rätselhaft.

Die Gemarkung von Aschheim war ebenso wie die des benachbarten Kirchheim äußerst intensiv besiedelt. Die bekannten Ausschnitte der Siedlungen und Gräberfelder sind in allen Fällen zu bruchstückhaft, als daß die Entwicklung der einzelnen Siedlungsteile und ihre gegenseitigen Abhängigkeiten und Beziehun-

Abb. 93,15
gen eindeutig rekonstruiert werden könnten. Sicher scheint, daß dem Hof mit der Kirche in jeder Beziehung der Vorrang gebührt: Von hier liegen die ältesten und gleichzeitig auch die reichsten Funde vor. Die Siedlung an der Straße nach

Abb, 93,19
Feldkirchen hat zumindest während des 7. Jahrhunderts bestanden und ist offenbar etwa zur gleichen Zeit wie die große Siedlungsstelle am Rande von Kirchheim (vgl. S. 98 ff.) aufgegeben worden. Für die drei übrigen, z. T. sicher dorfartigen Ansiedlungen in der Aschheimer Gemarkung (Abb. 93, Nr. 17.19.21) ist vorläufig nur soviel sicher, daß sie ebenfalls während des 7. Jahrhunderts bestanden haben. Anfang und Ende sind dagegen noch unbekannt.

Abb. 97
Aschheim, Ldkr. München. Kreisgrabenanlage mit zwei Männergräbern der späten Merowingerzeit an der Straße nach Feldkirchen; Ansicht von Süden.

Nach dem Zeugnis der Ortsnamen erfolgte in Süddeutschland während der späten Merowingerzeit und der Karolingerzeit eine erhebliche Ausweitung des Siedlungsgebietes in vorher nur dünn oder überhaupt nicht besiedelte Landschaften. Diese rekrutierte sich ohne Zweifel aus den Altsiedelgebieten und führte dort zu einer gewissen „Gesundschrumpfung" innerhalb zu dicht besiedelter Gemarkungen, wie dies im Münchener Osten außer in Aschheim etwa auch im Gebiet von Englschalking/Johanneskirchen, Kirchheim/Hausen und Pliening zu beobachten ist. Vor allen Dingen konzentrierte sich die Besiedlung in den Altsiedellandstraßen nun an bestimmten Schwerpunkten. Damit bildete sich das Besiedlungsbild heraus, das wir von den Karten des 19. Jahrhunderts kennen.

◀ Abb. 98
München-Aubing. Doppelbestattung zweier Männer im Reihengräberfeld. Die beiden gleichzeitig begrabenen Toten wurden nebeneinander mit übereinandergelegten Händen in die Grube gebettet.

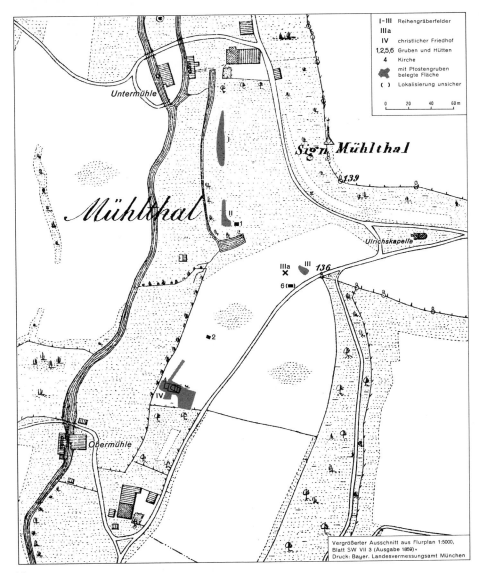

Abb. 99

Mühlthal a. d. Isar, Ldkr. München. Frühmittelalterliche Fundstellen auf der Isarterrasse südlich der Gaststätte „Zur Mühle" im Gelände des Wasserkraftwerkes Mühlthal. (Kartengrundlage: Vergrößerter Ausschnitt des Flurplanes SW 7.3, Ausgabe 1859.)

Die Kirche des Priesters Waltrich
im Isartal bei Mühlthal, Ldkr. München
Erste Entdeckungen und Ausgrabung

In den Jahren 1920–1924 wurde im Isartal gegenüber von Kloster Schäftlarn von den Isar-Amper-Werken ein Wasserkraftwerk errichtet. Bei den dafür notwendigen Erdarbeiten und beim Bau des Kanalabschnittes zwischen der Gastwirtschaft „Zum Bruckenfischer" und der Gastwirtschaft „Zur Mühle" stieß man *Abb. 99 u. 102* am Rande der Niederterrasse auf drei kleine Reihengräberfelder unterschiedlicher Größe, die durch das Bayerische Landesamt für Denkmalpflege untersucht wurden. Friedhof I erbrachte aus etwa 95 Gräbern einige sehr ansprechende Funde, darunter weibliches Trachtzubehör von der Beinkleidung und als Unikum eine figural verzierte eiserne Zierscheibe mit Silber- und Messing- *Abb. 100* tauschierung. Zu den ältesten Funden zählt eine silbertauschierte eiserne Schilddornschnalle der Zeit um 600 mit Zellwerk imitierender Flächenorna- *Abb. 101* mentik auf den bandförmigen Tierleibern, zu den jüngsten zwei Saxe des ausgehenden 7. Jahrhunderts. Die beiden kleinen Friedhöfe II und III enthielten nur Gräber der Zeit um 700 bzw. des frühen 8. Jahrhunderts. In der unmittelbaren Nachbarschaft der Reihengräber fand man auch die Spuren der Gehöfte, zu denen die Gräberfelder gehörten. Allerdings konnten diese Siedlungsreste (Grubenhütten und Pfostengruben ebenerdiger Gebäude) nicht ausreichend untersucht werden, da dem Ausgräber Paul Reinecke praktisch keine Mittel zur Verfügung standen.

Ein spätantiker Kirchenbau?

Von besonderer Bedeutung war im Frühjahr 1922 die Entdeckung der Fundamentreste einer inmitten eines weiteren beigabenlosen Friedhofes (IV) gelegenen kleinen Steinkirche, in deren Umfeld ebenfalls Siedlungsspuren festgestellt werden konnten. In einer sechswöchigen Grabung wurde eine

145

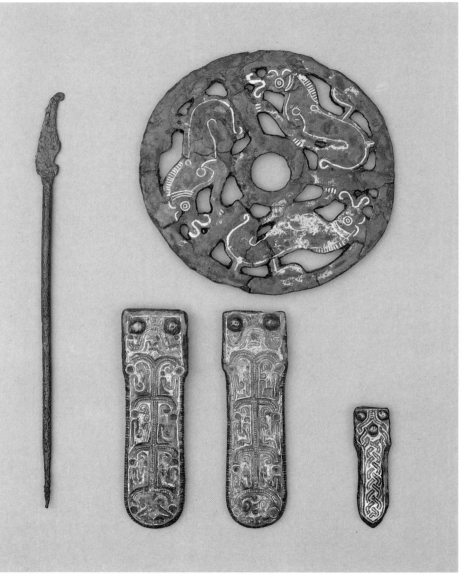

Abb. 101
Mühlthal a. d. Isar, Ldkr. München. Silbertauschierte Gürtelschließe mit Tierornamenten aus Grab I/21a. Um 600 n. Chr. Bügelbreite 5,4 cm.

◀ Abb. 100
Mühlthal a. d. Isar, Ldkr. München. Beigaben aus Frauengrab I/28 b. Die meisten Stücke sind figural verziert. Ein Unikum ist die eiserne Amulettscheibe mit drei Flügelpferden. Die Tierköpfe auf den eisernen Riemenzungen der Wadenbinden sind paarweise wie Zweige an einem Lebensbaum angeordnet. 7. Jahrhundert. Durchmesser der Scheibe 10,2 cm.

Abb. 103
Mühlthal a. d. Isar, Ldkr. München. Grundrißspuren der Steinkirche nach der Freilegung im Jahre 1923.

◀ Abb. 102
Luftbild des Isartales im Gebiet von Mühlthal. (Foto: I. Ausbildungsgruppe der Waffenschule 50 Fürstenfeldbruck im Jahre 1963; freigeg. v. Bayer. Staatsmin. f. Wirtsch. u. Verkehr Nr. G Sa 13/62.)

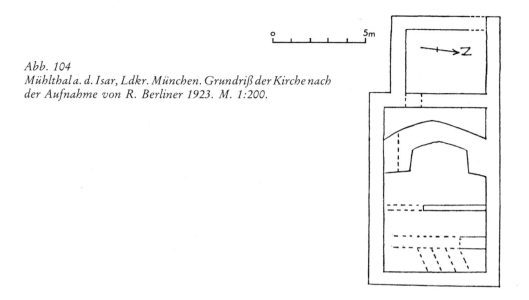

Abb. 104
Mühlthal a. d. Isar, Ldkr. München. Grundriß der Kirche nach
der Aufnahme von R. Berliner 1923. M. 1:200.

größere Fläche systematisch untersucht. Allerdings war der mit der Ausgrabung betraute Techniker weit überfordert. Auch beschränkte man sich bei der maßstabsgetreuen Aufnahme des Befundes auf eine schematische Umrißzeichnung. Darüber hinaus wurden für das Kirchengebäude nur einige unmaßstäbliche Skizzen mit eingeschriebenen Maßzahlen und eine relativ gute Fotodokumentation erstellt.

Ein skizzenhafter Grundrißplan des Mühlthaler Kirchleins wurde 1923 durch den Kunsthistoriker Rudolf Berliner in der Zeitschrift „Kunstchronik" veröffentlicht. Für ihn stellte sich sein Gründungsbau als kleiner Rechtecksaal mit eingebauter „gestelzter Apsis" in der Westhälfte dar, der wenig östlich der Mitte durch eine Chorschranke in Presbyterium und Laienraum aufgeteilt gewesen sei. Die Raumzwickel hinter der Apsis wurden als Sakristei gedeutet, die später durch einen rechteckigen Anbau im Westen erweitert bzw. ersetzt worden sei. Freilich war man sich der zeitlichen Diskrepanz bewußt, die zwischen dieser spätantiken Bauform des 4./5. Jahrhunderts und den unmittelbar benachbarten

Abb. 103

Abb. 104

Siedlungs- und Grabfunden des 7./8. Jahrhunderts bestand. Die Problematik verschärfte sich noch angesichts der literarischen Überlieferung. In nächster Nähe der Fundstelle befindet sich auf der darüberliegenden Hochterasse das Gut Epolding, dessen Name zumindest noch im späteren 14. Jahrhundert für diesen gesamten Abschnitt des Isartales galt: Die Mühlen, die M ü h l t h a l später zu seinem Namen verhalfen, wurden damals noch immer in E p o l d i n g lokalisiert.

Eigenkirche des Gründers von Kloster Schäftlarn

Hier in Epolding stand zum Zeitpunkt der Gründung des Klosters Schäftlarn (760/64) bereits eine kleine Kirche. Sie war – ebenso wie eine weitere Kirche im benachbarten Deining – Eigentum des Klostergründers, des *prespiter Waltrich*. Waltrich entstammte offenbar einer sehr begüterten Familie. Er hatte die beiden genannten Kirchen vermutlich von seinem Vater – möglicherweise dem Bauherrn – ererbt. Denn dieser mußte seine Zustimmung geben, als der Sohn sie in das Eigentum der als Urzelle des Klosters von ihm neuerrichteten Dionysius-kirche *in loco Sceftilari* übergab.
Völlig zu Recht hat man deshalb bereits während der Ausgrabung im Jahre 1922 vermutet, daß es sich bei dem archäologisch nachweisbaren Kirchlein um die Epoldinger Eigenkirche Waltrichs bzw. seines Vaters handeln müsse.

Neue Grabungen

Bei gründlichen Begehungen anfangs der sechziger Jahre stellte der Verfasser fest, daß das Gelände der Kirche seinerzeit nicht vom Kanaldamm überschüttet worden war. Mit Unterstützung durch die „Kommission zur archäologischen Erforschung des spätrömischen Raetien der Bayerischen Akademie der Wissenschaften" konnte infolgedessen 1964 durch die Prähistorische Staatssammlung eine gründliche Nachuntersuchung erfolgen. Es stellte sich dabei alsbald

Abb. 106

heraus, daß im Bereich des Kirchengebäudes der damalige Grabungsbefund noch nahezu offen zu Tage lag und daß lediglich durch fortschreitende Verwitterung Beeinträchtigungen erfolgt waren. Es zeigte sich allerdings auch, daß die baugeschichtliche Entwicklung der kleinen Kirche etwas anders verlaufen war, als die ersten Ausgräber angenommen hatten.

Die baugeschichtliche Entwicklung der Kirche

Abb. 105

Die genaue Vermessung und Aufnahme der Fundamentüberreste ergab, daß die 1922 ermittelte Apsis – anders als dies die älteren Pläne zeigten – in ihrer Achsenausrichtung um 5° von der des rechteckigen Kirchensaales abwich. Zusammen mit gewissen Anhaltspunkten aus den 1922 aufgenommenen Fotos war daraus zu entnehmen, daß die Apsidenfundamente losgelöst von dem Rechtecksaal betrachtet werden müssen. Sie waren vielmehr Bestandteil eines älteren Kirchenbaues am Platz, den wir uns als im Inneren 2,6 m breiten, also relativ schmalen Saal mit nicht oder nur ganz leicht abgesetzter flacher Apsis im

Abb. 108, I

Westen vorstellen dürfen. Seine Länge ist nicht bekannt; er wird sicher nicht weiter nach Osten gereicht haben, als sein Nachfolger. Dies ergäbe eine Länge von maximal 7 m. Die ungewöhnliche „Orientierung" dieser Kirche nach Westen war leicht zu erklären mit der Lage an der Terrassenkante. Offenbar wollte man den Eingang vom östlich benachbarten Gehöft aus leicht erreichen können.

Hinsichtlich der Grundrißform stimmte die älteste Epoldinger Kirche mit einem Holzkirchlein des 7. Jahrhunderts überein, das 1982 am Rande von

Abb. 105 ►
Mühlthal a. d. Isar, Ldkr. München. Die Fundamentspuren am Standort der frühmittelalterlichen Kirchen nach der Befundaufnahme vom Jahre 1964. Im allgemeinen waren nur noch die mit Bauschutt verfüllten Fundamentgräben nachweisbar, da beim Abbruch der Mauern auch die Steine aus den Fundamenten entnommen und für Neubauten wiederverwendet wurden. M. 1:100.

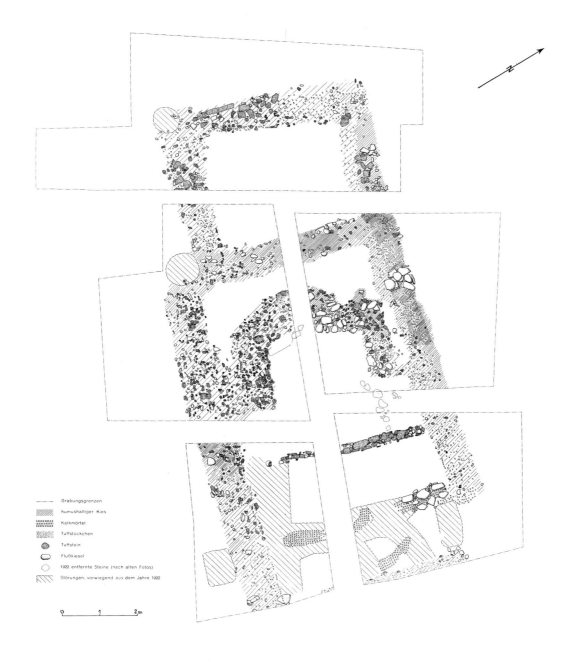

Grabungsgrenzen

humushaltiger Kies

Kalkmörtel

Tuffstückchen

Tuffstein

Flußkiesel

1922 entfernte Steine (nach alten Fotos)

Störungen, vorwiegend aus dem Jahre 1922

0   1   2 m

Abb. 107

Mühlthal a. d. Isar, Ldkr. München. Blick von Westen auf das Grabungsgelände nach Wegnahme der Chorfundamente von Kirche III. An ihrem späteren Standort zeichnen sich die Schächte der zuvor, während des Bestehens der Kirchen I und II angelegten zahlreichen Gräber als Humusflächen ab.

◀ *Abb. 106*

Mühlthal a. d. Isar, Ldkr. München. Grundrißspuren der Kirchenbauten nach der neuerlichen Freilegung im Jahre 1964. Die Apsis von Kirche I im Inneren des jüngeren Langhauses (Kirche II/ III) ist deutlich auf eine andere Achse ausgerichtet als die späteren Bauten. Im Vordergrund der Rechteckchor von Kirche III. Ansicht von Westen.

Abb. 110

Herrsching ebenfalls auf archäologischem Wege nachgewiesen werden konnte. Hier wurde der ursprüngliche Holzbau noch während der Merowingerzeit unter Beibehaltung des Grundrisses und der Baumaße in einen Steinbau umgewandelt.

Ein einziges Grab (109), und zwar das eines etwa fünzigjährigen Mannes, war von dem Epoldinger Apsidensaal überbaut worden, war also älter als der älteste Kirchenbau. Der Grabschacht war innen teilweise mit großen Kieselsteinen umstellt, eine Grabbauweise, die sehr an die der Tuffplattengräber erinnert. Bezeichnenderweise ist etwa 10 m südlich davon 1922 tatsächlich auch ein derartiges Tuffplattengrab gefunden worden.

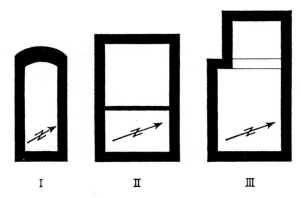

I   II   III

Abb. 108
Mühlthal a. d. Isar, Ldkr. München. Baugeschichtliche Entwicklung der frühmittelalterlichen Kirche nach dem Grabungsbefund von 1964. Der ursprüngliche Apsidensaal (I) wurde später von einem etwas größeren Saalbau (II) abgelöst. Dieser erhielt im jüngsten Baustadium (III) einen rechteckigen Choranbau im Westen, während das Langhaus im Osten geringfügig verkürzt wurde. M. 1:300.

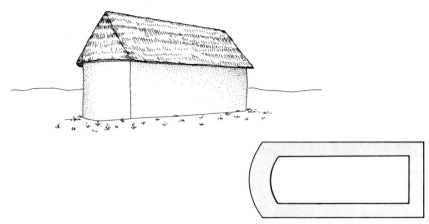

Abb. 109.
Mühlthal a. d. Isar, Ldkr. München. Grundriß und Rekonstruktion der ältesten Kirche in der Ansicht von Südwesten. Der um oder bald nach 700 errichtete Bau war die Eigenkirche einer adeligen Grundherrenfamilie in Ehapaldinga *und ging 760/64 in den Besitz des Klosters Schäftlarn über. M. des Planes 1:200.*

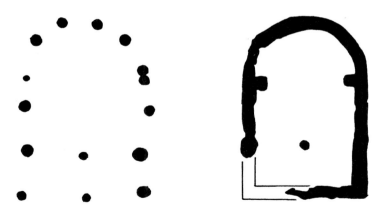

Abb. 110.
Herrsching, Ldkr. Starnberg. Grundriß der frühmittelalterlichen Adelskirche des 7. Jahrhunderts. Der ursprüngliche Holzbau (I) wurde um oder nach 700 durch einen Steinbau (II) ersetzt. M. 1:200. (Nach E. Keller.)

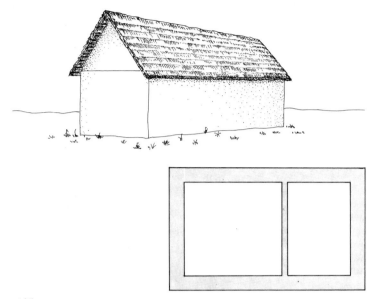

Abb. 111
Mühlthal a. d. Isar, Ldkr. München. Grundriß und Rekonstruktion der Kirche II in der Ansicht von Südwesten. Der Neubau stammt wohl aus dem hohen Mittelalter. M. 1:200.

Die älteste Epoldinger Kirche, deren allein erhaltene Fundamentreste aus Tuffsteinen und Kieseln bestanden, stimmt hinsichtlich ihrer Achsenausrichtung völlig mit der des Grabes 109 überein. Man könnte daran denken, daß die Kirche bewußt über dem Ahnengrab errichtet worden ist. In ihrer Umgebung fand sich eine Reihe von Gräbern mit übereinstimmender Orientierung, von denen ein Teil dann von der später neuerrichteten Kirche II überbaut worden ist. Weitere weniger tief reichende Gräber mögen bei dieser Gelegenheit zerstört worden sein.

Abb. 113
Abb. 107

Abb. 111 Die jüngere Kirche war ein einfacher Rechtecksaal mit einer inneren Ausdehnung von etwa 8,5 × 5 m. Er war – wie bereits 1922 erkannt – östlich der Mitte durch ein 25 cm breites Tuff-Fundament unterteilt, das als Substruktion einer Schranke anzusehen ist. In der Umgebung dieser größeren Kirche II wurde

158

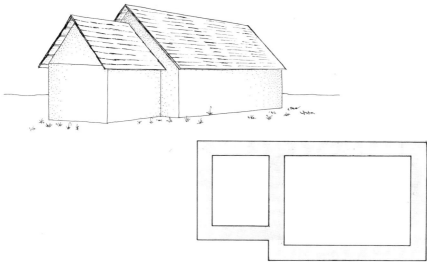

Abb. 112
Mühlthal a. d. Isar, Ldkr. München. Grundriß und Rekonstruktion der Kirche III in der Ansicht
von Südwesten. In dieser Form bestand das kleine Gotteshaus bis in das 16. oder 17. Jahrhundert.
M. 1:200.

weiterhin sehr intensiv bestattet. Dies geht aus der dichten Belegung mit Gräbern besonders auch westlich der Kirche hervor, die sich in ihrer Ausrichtung sehr genau an sie anlehnen. Erst zu einem späteren Zeitpunkt wurde hier ein nur auf der Südseite deutlich abgesetzter rechteckiger Raum angefügt, durch den erneut zahlreiche Gräber überbaut worden sind. Gleichzeitig wurde der Kirchensaal im Osten um 2 m verkürzt. Die angenommene relative Altersabfolge der beiden Ostmauern wird durch die Anordnung der Gräber Nr. 108 und 113, die (auch nach dem stratigrafischen Befund bei Grab 113) eindeutig erst nach der Aufgabe der älteren Ostwand angelegt worden sein können. Nicht zuletzt wegen der dadurch sicher bezeugten Verkleinerung des Saales muß geschlossen werden, daß mit der Erweiterung im Westen die Verlegung des Altarplatzes verbunden war: Der Anbau war also Chorraum, nicht Sakristei der erneuerten Kirche III.

Abb. 112

Grab der Orientierungsgruppe I

1:200

0   4   8 m

Abb. 113
Mühlthal a. d. Isar, Ldkr. München. Lage der frühmittelalterlichen Kirche und ihrer Nachfolger
im zeitgenössischen christlichen Friedhof. M. 1:200.

Unter den Fundamentresten der Epoldinger Kirchen und in den Grabeinfüllungen des zugehörigen Friedhofes wurden nur wenige Siedlungsabfälle gefunden. Soviel ist jedoch sicher, daß die ältesten Funde am Platz der Kirche nicht über die späte Merowingerzeit zurückreichen. Die älteste Kirche, anders als in Aschheim bereits ein Steinbau, wird frühestens in der Zeit um 700 über dem spätmerowingerzeitlichen Grab 109 (vielleicht sogar noch um einige Jahrzehnte später) errichtet worden sein. Sie entstand zu einem Zeitpunkt, als die christliche Stifterfamilie (oder ihre Statthalter) ihre Toten bereits nicht mehr auf dem Reihengräberfeld (I) bestattete und andere Familien ebenfalls davon isolierte Sepulturen (II und III) benutzten. Jedenfalls dürfen wir die Kirche I getrost mit dem um 760/64 erwähnten *oratorium* des Klostergründers Waltrich gleichsetzen.

Abb. 109

Wann der älteste Kirchenbau I durch den Neubau II ersetzt worden ist, wissen wir nicht, auch ist seine einfache Bauform für eine chronologische Einordnung nicht ausreichend. Am ehesten könnte man an eine Errichtung nach der Schlacht auf dem Lechfeld (955) denken, da die heutige Mühlthaler Kapelle das Ulrichspatrozinium trägt, das damals sehr beliebt wurde. Dies setzt freilich voraus, daß das Patrozinium später auf die bestehende Kirche übertragen worden ist. Der Umbau zur Kirche III könnte im 12. Jahrhundert oder gar noch später erfolgt sein. Jedenfalls ist die entsprechende annähernd quadratische Chorform aus dieser Zeit vielfach zu belegen.

Abb. 111

Abb. 112

In dieser Form hat die Kirche offenbar bis in das 17. Jahrhundert bestanden. In der Einfüllung ihres Fundamentgrabens fand sich entsprechend zu datierende Keramik, die dorthin eigentlich nur beim Abbruch der Mauern und der Herausnahme der Fundamentsteine gelangt sein kann. Dazu passen literarische Nachrichten des 17. Jahrhunderts über eine Kapelle im *Milltal* bzw. *Mullthal*, die für das Jahr 1665 schließlich auch die Erlaubnis zur Weihe der Kapelle zum Inhalt haben. Denn diese Mitteilungen beziehen sich offenbar alle auf einen damals errichteten Neubau an anderem Platz. Dieses Kirchlein besteht bis heute fort und bewahrt letztlich auch die Erinnerung an die archäologisch nachgewiesenen Bauten des frühen und hohen Mittelalters, deren vergessene Spuren erstmals wieder durch die Baumaßnahmen der zwanziger Jahre unseres Jahrhunderts zum Vorschein kamen.

Die frühe Besiedlung der Isarterrassen bei Mühlthal/Epolding

Abb. 102 u. 114

Es ist bedauerlich, daß durch den Kanal- und Kraftwerkbau in den zwanziger Jahren im Gebiet von Mühlthal der größte Teil der Siedlungsspuren – und wohl auch ein Teil der Gräber aus dem frühen Mittelalter – unwiederbringlich zerstört worden ist. Angesichts der äußerst beschränkten räumlichen Verhältnisse auf der Isar-Niederterrasse, die nur an dieser Stelle eine gewisse – wenn auch bescheidene – Tiefe erreicht, wäre es sonst heute ohne allzu großen Aufwand möglich gewesen, alle archäologischen Befunde systematisch zu erfassen, viel leichter jedenfalls als in einer großen Dorfgemarkung wie der von Aschheim oder Kirchheim. So aber gibt es für die Rekonstruktion des hypothetischen Besiedlungsganges verschiedene Möglichkeiten.

Abb. 99

Nach dem einen Modell bezeugen die Gräberfelder I–IV vier verschiedene Siedlungseinheiten, wohl Einzelhöfe, von denen der älteste (zu Friedhof I) sicherlich noch im ausgehenden 6. Jahrhundert gegründet worden ist. Etwa 100 Jahre später, gegen Ende des 7. Jahrhunderts, sind zwei weitere Gehöfte entstanden, deren Bewohner auf den Gräberfeldern II und III bestattet worden sind. Kurze Zeit später – um oder bald nach 700 – wurde dann noch (bei Friedhof IV) ein vierter Hof gegründet. In seiner Nachbarschaft wurde alsbald auch die Kirche errichtet, bei der fortan (bis in das späte Mittelalter oder die frühe Neuzeit) alle Epoldinger Toten bestattet worden sind.

Nach dem anderen Modell könnten alle drei oder vier Höfe bis auf die Zeit um 600 zurückreichen. In diesem Falle wäre Reihengräberfeld I zunächst der gemeinsame Bestattungsplatz aller Bewohner Epoldings. Gegen Ende des 7. Jahrhunderts, wo offenbar die Bestattung auf dem „Dorffriedhof" nicht mehr obligatorisch war, gingen die Bewohner dreier Gehöfte zur Anlage der Familienfriedhöfe II, III und IV über. Von diesen setzte sich der südlichste sehr rasch als legitimer Nachfolger des Reihengräberfeldes (I) deshalb auf Dauer durch, weil auf ihm von den Eltern des Gründerabtes Waltrich von Schäftlarn alsbald eine christliche Kirche errichtet worden ist.

162

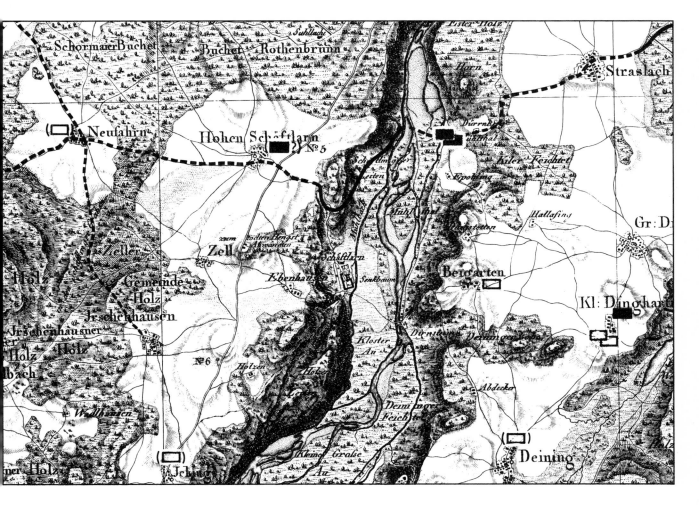

Abb. 114

Mühlthal a. d. Isar, Ldkr. München. Besiedlungskarte der Region Epolding/Schäftlarn im frühen Mittelalter. Der Verlauf der Altstraße zwischen Straßlach und Neufahrn erklärt die Bedeutung Epoldings als „Brückenkopf" am Isarübergang. Ausgefüllte Zeichen = Gräberfundstellen des 7. Jahrhunderts; offene Zeichen = beigabenlose Gräber wohl des frühen Mittelalters. M. 1:50000. (Kartengrundlage: Topograph. Atlas v. Bayern 1812ff. Blatt 83).

Mit Sicherheit steht jedoch fest, daß Epolding/Mühlthal hinsichtlich seines Standortes im beengten, siedlungsungünstigen Isartal ein Sonderfall ist: Alle zeitgenössischen Ansiedlungen liegen außerhalb des Taleinschnittes auf der Hochfläche, wo sich durch Rodung des Waldes der notwendige Lebens- und Wirtschaftsraum gewinnen ließ.

Die besondere Lage Mühlthals ist ohne Zweifel aus den besonderen Funktionen zu erklären, die seine Bewohner auszuüben hatten. Zum einen bot sich hier von Natur aus die Möglichkeit, vom Wasser getriebene Mühlen zu unterhalten. Angesichts der besonders verkehrsgünstigen Lage hatten diese vermutlich schon im frühen Mittelalter bestehenden Einrichtungen gewiß ihr Auskommen. Denn unmittelbar bei Epolding/Mühlthal befand sich der Kreuzungspunkt einer wichtigen Fernstraße mit dem Fluß, deren Lokalisierung im Gelände auf verschiedenen Teilstrecken gelungen ist. Auf die Bedeutung dieser Straße weisen nicht zuletzt die Namen der Orte Straßlach und Neufahrn hin, die links und rechts der Isar auf der Hochfläche unmittelbar an dieser Verkehrsader liegen. Nicht die unwichtigste Aufgabe Epoldings war es gewiß, den Verkehr auf dieser Straße zu überwachen und die notwendige Hilfe bei der mühsamen Überwindung des Taleinschnittes zu leisten und so aus beidem Gewinn zu ziehen. So ist es auch kein Wunder, daß hier eine adelige Grundherrenfamilie nachzuweisen ist, die diesen einträglichen Besitz in die Grundausstattung ihres bald nach der Mitte des 8. Jahrhunderts gegründeten Klosters Schäftlarn eingebracht hat.

Abb. 114

Aus der frühmittelalterlichen Geschichte von Lauterhofen i. d. Oberpfalz

Der Königshof an der Lauterach

Auch Lauterhofen liegt im Vergleich zu den meisten anderen Ansiedlungen der Merowingerzeit besonders siedlungsungünstig in einer nur leichten Erweiterung des tief in den Jura einschneidenden Lauterachtales, unmittelbar im Quellgebiet des nach Südosten hin entwässernden Flüßchens. Der Ort wird im Jahre 806 erstmals in den Schriftquellen erwähnt. Damals verfügte Karl der Große, daß nach seinem Tode bei der Teilung des Reiches unter die drei Söhne der mittlere Sohn Pippin u. a. erhalten sollte *Baiovariam, sicut Tassilo tenuit, excepta duabus villis, quarum nomina sunt Ingoldestat et Lutrahahof, quas nos quondam Tassiloni inbeneficiavimus et pertinent ad pagum, qui dicitur Northgowe.* Der Nordgau und damit auch die in ihm gelegenen Königshöfe Ingolstadt und Lauterhofen, die hier ausdrücklich angesprochen werden, waren natürlich bereits seit der Absetzung des Baiernherzogs Tassilo III. im Jahre 788 fest in fränkischer Hand. Aufschlußreich ist jedoch, daß sie bei einer Teilung des Reiches nun nicht mehr mit dem östlichen Teilreich (Italien/Baiern) vereinigt bleiben sollten, wie dies zumindest im dritten Viertel des 8. Jahrhunderts unter Herzog Tassilo der Fall war, sondern mit Ostfranken, dem mittleren Reichsteil, den der ältere Sohn Karl erhalten sollte.

Über die Anfänge der beiden Königshöfe und über den Beginn der Besiedlung im Quellgebiet der Lauterach liegen uns keine urkundlichen Nachrichten vor. So war es ungemein aufregend, als sich nach der zufälligen Entdeckung frühmittelalterlicher Gräber im Jahre 1953 bei der anschließend durch Armin Stroh veranlaßten umfassenden Untersuchung des Bayerischen Landesamtes für Denkmalpflege herausstellte, daß die Belegung dieses Gräberfeldes (insgesamt mindestens 90 Bestattungen) bereits um die Mitte des 7. Jahrhunderts begonnen haben mußte, also weit mehr als 100 Jahre vor Karls des Großen Regierungsantritt.

Abb. 115

Abb. 115
Lauterhofen, Ldkr. Neumarkt (Oberpfalz). Der Ort um 1962 in der Ansicht von Osten. Am rechten Bildrand ist die Fundstelle des frühmittelalterlichen Reihengräberfeldes gerade noch angeschnitten; im Mittelgrund links der Ortsteil „Im Zipfel".

Das bairische Reihengräberfeld und seine Belegung

Das Lauterhofener Reihengräberfeld hat eine Reihe qualitätvoller Schmuckstücke aus Frauengräbern erbracht. An ihrer Spitze steht ein kleiner Goldbrak-
teat aus Grab 60 mit der Darstellung eines Vogels, dessen rückwärts gewendeter *Abb. 118*
Kopf mit einem Kreuz bekrönt ist. Dieses Motiv geht letztlich auf eine
spätantike Münzdarstellung der zweiten Hälfte des 5. Jahrhunderts zurück und
zeigt einmal mehr, wie sich Kunsthandwerker des 7. Jahrhunderts von
derartigen antiken Vorbildern haben anregen lassen.

Für die chronologische Beurteilung der Belegung des Friedhofes von Lauterhofen sind aber die Beigaben aus den Männergräbern aussagekräftiger als die aus
den Frauengräbern. Die älteste Ausstattung enthielt Grab 29 mit Spatha und Sax *Abb. 116*
und den zugehörigen eisernen und bronzenen Garnituren von den Wehrgehän-
gen. Sie stammen aus der Mitte des 7. Jahrhunderts. Die beiden in jungen Jahren
verstorbenen „Söhne" des Spathabesitzers hatten bereits die vielteilige Saxgür-
tel-Ausstattung der nächsten Generation; wir dürfen ihre Gräber (Nr. 31 und *Abb. 117*
47) in das dritte Viertel des 7. Jahrhunderts datieren. Langsaxgrab 55 kann als
repräsentativ für das letzte Jahrhundertdrittel vorgestellt werden; neben der *Abb. 120*
Waffe ist der mit Schnalle und langer wabenplattierter Riemenzunge ausgestattete Gürtel typisch. In der Zeit um 700 und im ersten Drittel des 8. Jahrhunderts
trug man in Lauterhofen am Saxriemen – wenn überhaupt – nur noch eine *Abb. 121*
einfache Eisenschließe (z. B. Grab 40).

Die Berücksichtigung aller chronologisch relevanten Beigaben aus Männer-
und Frauengräbern läßt den Belegungsablauf – ausgehend vom Zentrum des
Friedhofes mit dem „Ehepaar" in den Gräbern 24 und 29 deutlich erkennen. *Abb. 119*
Nach der Aufgabe der Beigabensitte während des ersten Drittels des 8.
Jahrhunderts wurde das Reihengräberfeld ähnlich wie das von Garching
offenbar noch eine gewisse Zeit weiter benutzt. Dies geht aus der Verteilung der
ungestörten beigabenlosen Gräber hervor, die über das gesamte Areal verstreut
liegen und vielfach Beigabengräber der älteren Belegungsphasen überlagern.

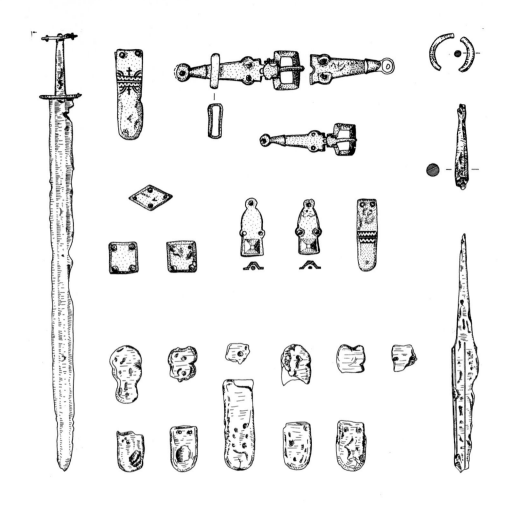

Abb. 116
Lauterhofen, Ldkr. Neumarkt. Beigaben des Männergrabes 29 im Reihengräberfeld. Die Waffen- und Trachtausstattung ist typisch für die Mitte des 7. Jahrhunderts. M. der Spatha 1:7,5; des Saxes 1:6; der übrigen Beigaben 1:3.

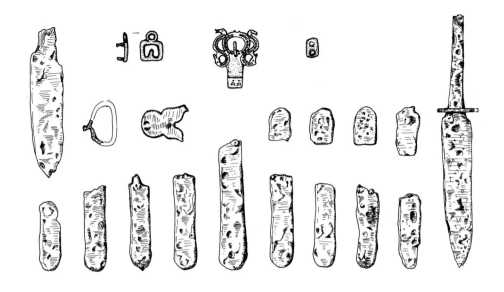

Abb. 117
Lauterhofen, Ldkr. Neumarkt. Beigaben des Männergrabes 31. Die Ausstattung ist typisch für das
3. Viertel des 7. Jahrhunderts. M. des Saxes 1:6; sonst M. 1:3.

Abb. 118
Lauterhofen, Ldkr. Neumarkt. Brakteatenanhänger aus Frauengrab 60 des baiuwarischen Reihengräberfeldes mit dem Bild eines mit dem Kreuz bekrönten Vogels. 7. Jahrhundert n. Chr. Durchmesser der Goldblechscheibe 1,9 cm.

Abb. 119
Lauterhofen, Ldkr. Neumarkt. Belegungsablauf auf dem baiuwarischen Reihengräberfeld im 7. und 8. Jahrhundert (1) und Verteilung der beigabenlosen Gräber (2).

►

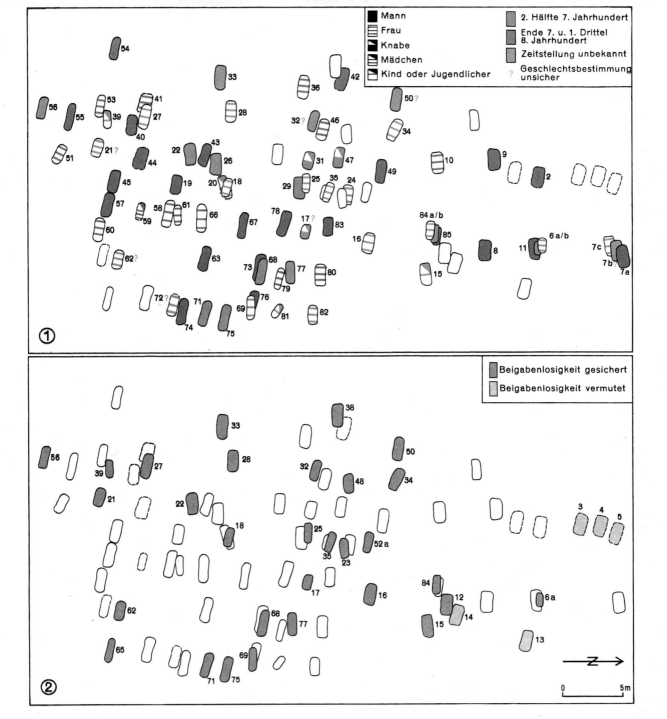

①

Mann
Frau
Knabe
Mädchen
Kind oder Jugendlicher

2. Hälfte 7. Jahrhundert
Ende 7. u. 1. Drittel 8. Jahrhundert
Zeitstellung unbekannt
Geschlechtsbestimmung unsicher

②

Beigabenlosigkeit gesichert
Beigabenlosigkeit vermutet

0   5m

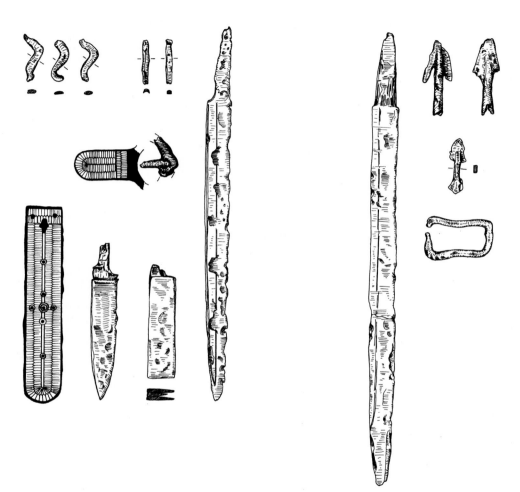

Abb. 120
Lauterhofen, Ldkr. Neumarkt. Beigaben des Männergrabes 55 aus dem letzten Drittel des 7. Jahrhunderts. M. des Saxes 1:6; sonst M. 1:3.

Abb. 121
Lauterhofen, Ldkr. Neumarkt. Beigaben des Männergrabes 40. Frühes 8. Jahrhundert. M. des Saxes 1:6; sonst M. 1:3.

Frühbaierischer Ohrschmuck

Zu dem bereits oben angesprochenen Schmuck aus den Lauterhofener Frauengräbern gehören einige besonders charakteristische Stücke. Es sind dies vor
allem die silbernen Ohrringe aus Grab 10 mit großen trichterförmigen *Abb. 122*
„Körbchen" und verbreiterter Schmuckzone an der Vorderseite und ein
stempelverzierter offener Bronzearmring mit petschaftartig verdickten Enden
aus Grab 41. Die Verbreitungskarten der bis um 1968 bekannt gewordenen *Abb. 123 u. 124*
Fundstücke dieser beiden Fundvarianten zeigt ein völlig übereinstimmendes
Bild (an dem sich übrigens auch durch Neufunde nichts verändert hat): In
beiden Fällen liegen die meisten Fundpunkte beidseits der mittleren Isar, und
keiner außerhalb des baiuwarischen Siedlungsgebietes. Wir können daraus
ablesen, daß demnach auch Lauterhofen während der späten Merowingerzeit
zum baiuwarischen Trachtgebiet gehört hat, daß sich die Bewohner von
Lauterhofen damals mit Sicherheit als Baiern gefühlt haben werden.
Offenbar hat man das Reihengräberfeld von Lauterhofen länger als Dorffriedhof benutzt als vergleichbare Friedhöfe in den Altsiedellandschaften. Denn an
keiner anderen Stelle wurden in der Flur von Lauterhofen Baiuwarengräber der
Merowingerzeit gefunden (so wie wir dies etwa auf der Isarterrasse bei Mühlthal
beobachten konnten). Auch in Lauterhofen muß es jedoch während des 8.
Jahrhunderts eine Zeitspanne gegeben haben, während der die Bestattung der
Toten auf dem Reihengräberfeld nicht mehr, die auf einem christlichen
Friedhof bei einer Kirche noch nicht allgemein üblich war. Denn an nicht
weniger als sieben Stellen wurden auf der Lauterhofener Flur, und zwar im
allgemeinen in unmittelbarer Ortsnähe westöstlich ausgerichtete beigabenlose
Gräber gefunden. Diese können zwar zeitlich nicht eingeordnet werden. Es ist *Abb. 125*
jedoch wahrscheinlich, daß sie zumindest in den allermeisten Fällen aus dem
frühen Mittelalter stammen werden. Die Lage dieser Fundstellen kann uns
demnach ohne Zweifel gewisse Anhaltspunkte für die Rekonstruktion des
Siedlungsbildes der damaligen Zeit geben.

Abb. 122
Lauterhofen, Ldkr. Neumarkt. Frühbaiuwarischer Schmuck aus zwei Frauengräbern. Links: silberne Körbchenohrringe aus Grab 10 („Typ Lauterhofen"); rechts unten: verzierter Bronze-armreif mit Almandineinlagen (meist ausgefallen) aus Grab 41 („Typ Klettham"). Größter Durchmesser des Armringes 7,5 cm.

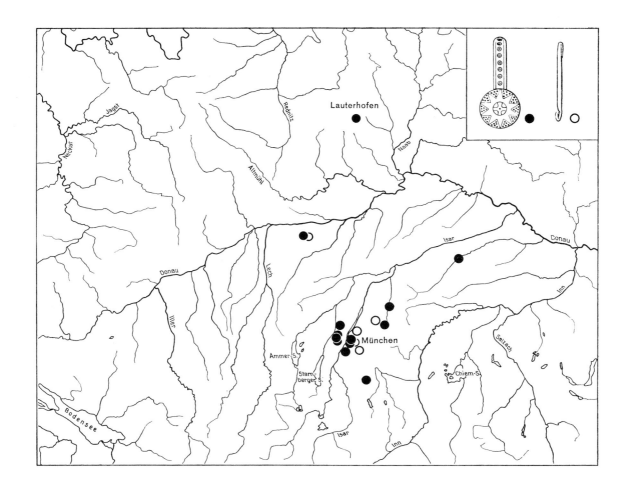

Abb. 123
Verbreitung der Ohrringe vom „Typ Lauterhofen" nach dem Fundbestand im Jahre 1968.
Neufunde haben inzwischen zu einer etwas größeren Funddichte innerhalb des in den Karten
sichtbaren Fundgebietes geführt.

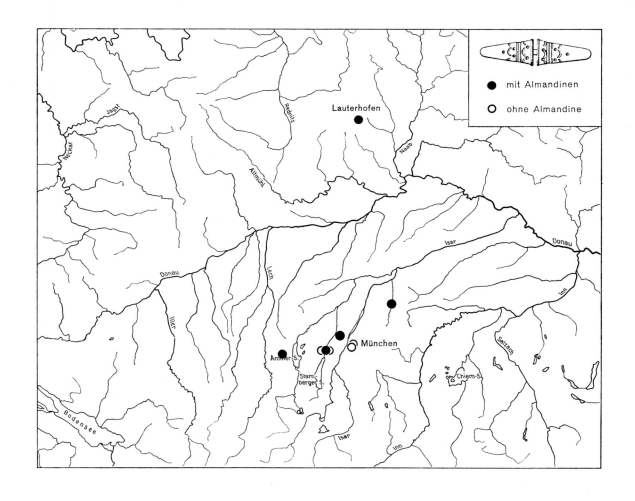

Abb. 124
Verbreitung der Armringe vom Typ „Klettham" nach dem Fundbestand im Jahre 1968.

Die Besiedlung der Lauterhofener Flur

Ein anderes Hilfsmittel, hierüber Aufschlüsse zu bekommen, ist der sog. Urkataster, d. h. das während der 1. Hälfte des 19. Jahrhunderts angelegte genaue Verzeichnis der Eigentumsverhältnisse an der Ortsflur. Die Kartierung der darin verzeichneten landwirtschaftlichen Anwesen mit nennenswertem Grundbesitz auf dem Flur- bzw. Ortsplan zeigt eine erstaunliche Übereinstimmung mit der Kartierung der Gräberfundstellen. Die Höfe liegen alle randlich zum frühneuzeitlichen Ort, wie ihn uns das Kartenbild vom Jahre 1836/38 noch zuverlässig überliefert. Das damalige (und heutige) Ortszentrum von Lauterhofen ist nämlich eine typische Marktsiedlung des Mittelalters mit vielen Gastwirtschaften und kleinen Handwerksbetrieben.

Abb. 125

Die frühmittelalterliche Besiedlung an der Lauterachquelle hat sich offenbar auf den Nordwestteil konzentriert. Hier, südwestlich unterhalb des merowingerzeitlichen Reihengräberfeldes im Gebiet der Anwesen Hs. Nr. 34–36, 40, 46 und 120, wo auch drei Fundstellen beigabenloser Gräber liegen, ist vermutlich die baiuwarische Ansiedlung des 7. Jahrhunderts zu lokalisieren, deren Verstorbene in der Flur „Geißäcker" bestattet worden sind.

Ein zweiter Siedlungsschwerpunkt des frühen Mittelalters zeichnet sich – sowohl durch Gräberfunde, wie nach der Aussage des Urkatasters – beidseits des von Süden her zur Lauterach führenden Saugrabens am Südostrand von Lauterhofen ab. Besonders auffällig ist hier die Häufung von Grabfunden beim Zipfelbauernhof (Hs. Nr. 88), im Zwickel zwischen dem Saugraben und der Lauterach.

Daß dieses Gebiet, für das sich der Name „Zipfel" eingebürgert hat, tatsächlich eine Siedlungszelle eigener Art ist, geht auch aus dem Umstand hervor, daß in nächster Nähe des „Zipfelbauern" eine ehemalige Kirche lokalisiert werden kann. Die letzte Nachricht über diese Kirche stammt aus dem Jahr 1604 und ist beinahe auch die einzige. Sie besagt, daß drei Lauterhofener Bürger das damals bereits aufgegebene Kirchlein erworben und *Wohnung und Mannschaft darin aufgerichtet* (will sagen: zu Wohnzwecken adaptiert) haben. Sonst erfahren wir

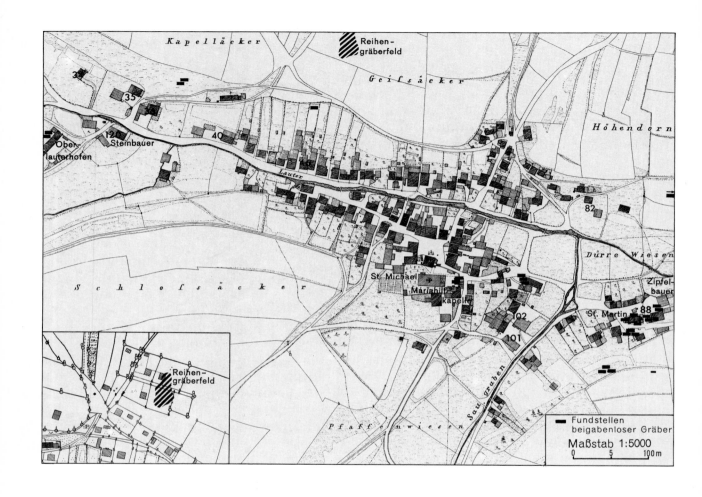

Abb. 125
Lauterhofen, Ldkr. Neumarkt. Die Fundstellen frühmittelalterlicher Gräberfelder und Einzel-
gräber und die größeren landwirtschaflichen Anwesen im Ortsplan des früheren 19. Jahrhunderts.
M. 1:5000. (Kartengrundlage: Beilage zu den Flurplänen No. 59. 1 u. 2 nach der Uraufnahme von
1836/38.)

Abb. 126
Lauterhofen, Ldkr. Neumarkt. Ansicht der Anwesen Hs. Nr. 86 und 89 im „Zipfel" von Südosten.
In den Unterbau des Hauses im Vordergrund ist der Chor der frühmittelalterlichen Martinskirche
integriert. Zustandsaufnahme um 1961/62.

Abb. 127
Lauterhofen, Ldkr. Neumarkt. Die Anwesen Hs. Nr. 86 und 89 von Norden. Zustandsaufnahme
im Jahr 1962.

nur noch durch einen Vertrag vom Jahre 1513, *daß . . . ein Caplan am Ostertag und Christtag die Frühmeß zu Sankt Martin gesungen . . . und auch sonsten am Sonntag zu Sankt Martin ist Meß gelesen worden, das soll* (auch in Zukunft) *wie vor Alters gehalten werden.* Die Verödung der Kirche wird im Gefolge der 1541 in Lauterhofen eingeführten Reformation eingetreten sein.

Abb. 126 u. 127

Abb. 130, IV

Die Identifizierung von St. Martin mit den dem Zipfelbauernhof benachbarten Anwesen Haus Nr. 86 und 89 ist eindeutig. Ihr Grundrißplan anfangs der sechziger Jahre läßt ebenso wie die Außenansicht noch die ursprüngliche bauliche Einheit der im Jahre 1604 dreigeteilten Kirche erkennen, insbesondere wenn man berücksichtigt, daß in der Mitte anstelle der Scheune bis 1904 ein drittes Wohnhaus stand.

Die Martinskirche im „Zipfel"

Um den Sachverhalt zu überprüfen, wurden im Bereich der beiden Anwesen – soweit dies die damalige Nutzung zuließ – durch die Prähistorische Staatssammlung 1962–1964 einige Grabungsschnitte niedergebracht und Untersuchungen an den Wänden vorgenommen. Sie lassen die baugeschichtliche Entwicklung von St. Martin in groben Zügen nachvollziehen.

Abb. 130, I

Die älteste Anlage war ein Saalbau von etwa 10 m innerer Länge und 5,8 m Breite. Ihm war im Westen eine knapp 3 m tiefe Vorhalle vorgesetzt. Aus ihr führte vielleicht eine Treppe zu einer darüber liegenden Empore. Die Trennmauer zwischen diesen beiden Baugliedern konnte im Korridor zwischen der Scheune und dem Ostrand von Hs. Nr. 86 noch im Fundament nachgewiesen werden. Den Altarraum bildete in diesem ältesten Baustadium eine aus Kalkbruchsteinen gefügte im Grundriß etwa halbkreisförmige Apsis. Von ihr

Abb. 128 u. 129

sind ansehnliche Reste in der Ostwand von Haus Nr. 89 erhalten.

Abb. 130, III

Später wurde das Kirchenschiff um das westliche Drittel des heutigen Anwesens Haus Nr. 86 nach Westen verlängert. Zweifellos wurde damals die Trennwand zwischen dem ehemaligen Vorraum und dem ursprünglichen Saal niedergelegt. Die neue Vorhalle hatte eine lichte Tiefe von nur 2,45 m, war also etwas kleiner als ihr Vorläufer. Diese bauliche Erweiterung nach Westen ist an den dafür

Abb. 128
Lauterhofen, Ldkr. Neumarkt. Die Ostwand des Anwesens Hs. Nr. 89 während der Ausgrabung im Jahre 1962; Ansicht von Südosten. Im Fundamentbereich ist die Apsis der frühmittelalterlichen Kirche I erhalten; der Aufbau darüber stammt vom Polygonalchor wohl des frühen 16. Jahrhunderts.

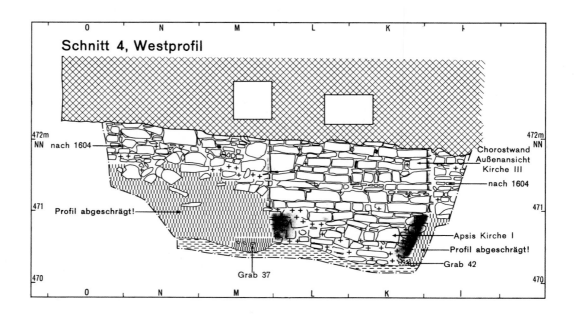

Abb. 129
Lauterhofen, Ldkr. Neumarkt. Bauaufnahme der Ostwand von Hs. Nr. 89 (Außenansicht) mit den Überresten des Chores der Martinskirche. M. 1:50.

verwendeten sorgfältig behauenen großen Kalksteinquadern kenntlich, die sich deutlich von den vorher und nachher verbauten Bruchsteinen absetzen. In der auffällig dicken neuen Westwand ist auch noch der damals geschaffene Zugang zur Kirche erhalten. Er wurde später lediglich außen durch ein dünnes Mäuerchen zugesetzt. Zum Zeitpunkt unserer Untersuchungen diente er den Bewohnern als „Plumpsklo", während im ehemaligen Presbyterium der Kirche damals Kühe ihre Notdurft verrichteten. (In den siebziger Jahren hat sich dort dann ein „Beatschuppen" eingenistet.) Die enorme Mauerstärke der Westwand findet ihre Erklärung durch die Mitteilung aus dem Jahre 1894, daß an ihrem Oberteil damals noch Reste eines turmartigen Aufbaues sichtbar waren. Es ist deshalb anzunehmen, daß man sie schon von Anfang an als Unterbau für ein Glockentürmchen (einen „Dachreiter") vorgesehen hatte.

In einem späteren Stadium (III) wurde auch der Altarraum der Kirche verändert. Die Apsis wurde weitgehend niedergelegt und durch einen aus dem halben Sechseck gebildeten Polygonalchor ersetzt. Von ihm ist der Ostabschluß durch die Grabung sichtbar geworden. Risse im Außenputz deuten an, daß die damalige Chorwand heute noch einige Meter hoch erhalten sein muß. Durch diesen Umbau erhielt die Kirche im Osten vermutlich innen und außen eine ziemlich unregelmäßige Gestalt. Da die Untersuchung natürlich nicht in die heutige Bausubstanz eingreifen durfte, konnten freilich manche Einzelheiten nicht geklärt werden.

Abb. 130, III

Abb. 128

Trotz der äußerst beschränkten Grabungsmöglichkeiten war durch Keramikfunde sicherzustellen, daß der Lauterhofener „Zipfel" bereits während des frühen Mittelalters besiedelt war. Aus der baugeschichtlichen Entwicklung ist die lange „Vorgeschichte" der 1513 erstmals erwähnten Frühmeßkirche abzulesen. Ihr ältester Grundriß (I), aus dem wir auch eine hinreichende Vorstellung vom damaligen Aufgehenden des Bauwerkes erhalten haben, läßt im Verein mit dem überlieferten Patrozinium eine Entstehung in spätmerowingischer oder karolingischer Zeit als wahrscheinlich erscheinen. Die erwähnten späteren baulichen Veränderungen geschahen vermutlich im hohen Mittelalter (Erweiterung nach Westen = Bauphase II) und in der Zeit um 1500 (Umbau des Chores zur Bauphase III).

Abb. 131

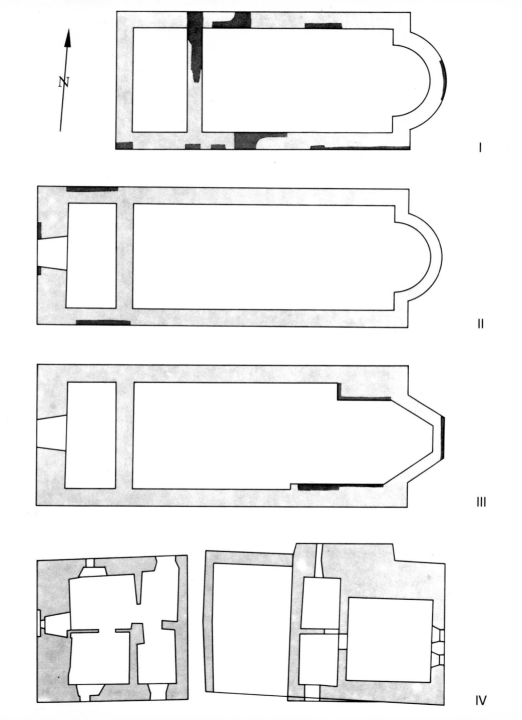

N

I

II

III

IV

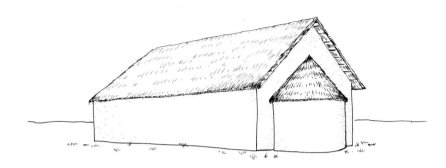

Abb. 131
Lauterhofen, Ldkr. Neumarkt. Rekonstruktion der karolingischen Martinskirche (I) nach den Grabungsbefunden; Ansicht von Südwesten.

◀ *Abb. 130*
Lauterhofen, Ldkr. Neumarkt. Die baugeschichtliche Entwicklung der Martinskirche von der Gründung bis zur profanen Nutzung der Neuzeit. I Gründungsbau des 8. Jahrhunderts; II Erweiterung wohl des 11. Jahrhunderts; III Chorumgestaltung des frühen 16. Jahrhunderts; IV profane Nutzung um 1960. M. 1:200.

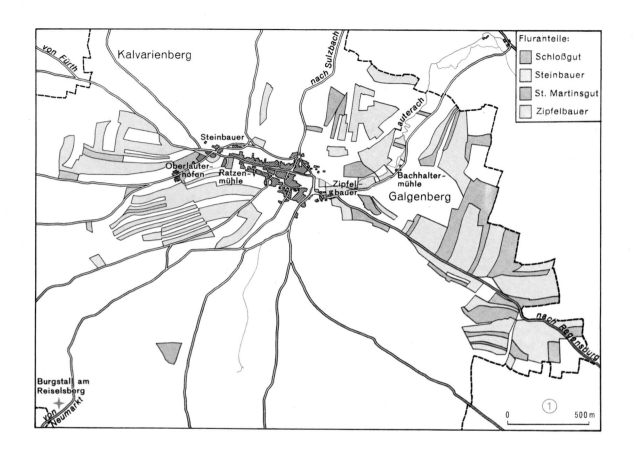

Abb. 132
Lauterhofen, Ldkr. Neumarkt. Besitzverhältnisse zum Zeitpunkt der Uraufnahme um 1836/38.

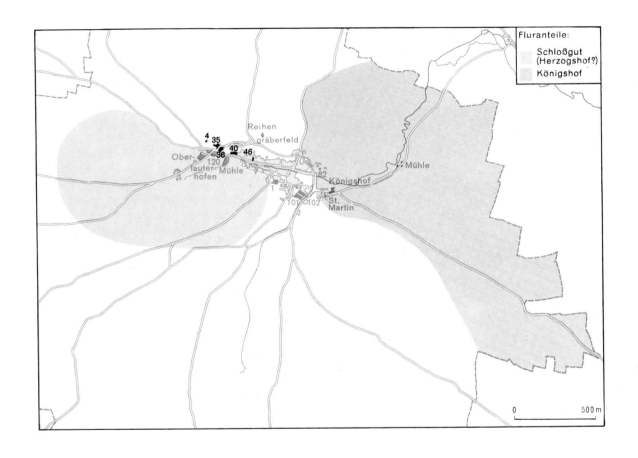

Abb. 133
Lauterhofen, Ldkr. Neumarkt. Die erschließbaren Fluranteile des Schloßgutes Oberlauterhofen und des Königshofes im „Zipfel“. Die größeren landwirtschaftlichen Anwesen südwestlich vom Reihengräberfeld, deren Anzahl damals vermutlich noch geringer war, bezeichnen den Kern der alten bairischen Ansiedlung. Die Höfe westlich vom Saugraben (Hs. Nr. 101 u. 102) und das Pfarrwiddum (Hs. Nr. 1) sind vermutlich nicht vor dem 8. Jahrhundert entstanden.

Von Anfang an lag im Umfeld der Kirche ein Friedhof. Er mag zunächst allein mit dem Zipfelbauernhof in Verbindung gestanden und die Nachfolge eines südlich der Kirche am Hang gefundenen Gräberfeldes angetreten haben. Später hat er aber dann sicher die Toten des gesamten Ortes aufgenommen. Aus der Ausrichtung einzelner Gräber wird deutlich, daß noch in der Zeit des spätgotischen Chores hier bestattet worden ist.

Der fränkische Königshof

Abb. 132

Daß die älteste Lauterhofener Kirche dem fränkischen Nationalheiligen St. Martin geweiht wurde, deutet darauf hin, daß sie im Gefolge der fränkischen Einflußnahme auf den baierischen Nordgau entstanden ist. Die exponierte Lage abseits von den Höfen des 7. Jahrhunderts am westlichen Ortsrand, auf dem Grund und Boden des Hofes im Zipfel macht die Zusammenhänge deutlich: Hof und Kirche sind mit der „*villa Lutrahahof*", dem fränkischen Königshof an der Lauterachquelle gleichzusetzen, den Karls des Großen Verfügung vom Jahre 806 ausdrücklich erwähnt. Wann er entstanden ist, konnten die bisherigen Grabungen nicht aufklären, die ja das eigentliche Hofgelände völlig ausgeklammert haben. Angesichts der weiterbestehenden Bebauung des Platzes ist es auch sehr fraglich, ob mit archäologischen Methoden überhaupt weiterzukommen wäre.

Abb. 132

Hier kann uns jedoch nochmals der Urkataster weiterhelfen. Aus ihm geht hervor, daß zu Beginn des 19. Jahrhunderts ein großer Teil der guten Lagen der Lauterhofener Flur, nämlich 104 Tagwerk, zu dem am Westrand des Ortes gelegenen Steinbauernhof (Hs.Nr. 120) gehörte. Inmitten dieses Flurbezirks lag das Schloß Oberlauterhofen, das damals nur mit wenig Grundbesitz ausgestattet war. Die übrigen Teile der ertragreichen Flur verteilten sich in völliger Gemengelage auf insgesamt 8 Höfe (Hs.Nr. 34–36, 40, 46, 82, 101 u. 102). Ein geschlossener Flurbesitz zeichnet sich allerdings auch östlich vom

Ort, rund um den Galgenberg ab, wobei diese Flurteile allerdings durchweg eine wesentlich geringere Bodengüte besitzen als die im Westen. Die Kartierung zeigt, daß sie teils zum Zipfelbauernhof (155 Tagwerk), teils zu der am Westrand von Lauterhofen gelegenen Ratzenmühle (Hs.Nr. 37) gehörten. Die Besitzausstattung dieser Mühle ist jedoch eine sekundäre Erscheinung. Ursprünglich war dies – wie ebenfalls aus dem Urkataster hervorgeht – die Flur des „unbezimmerten" (d.h. nicht mit einer eigenen Hofstelle versehenen) St. Martinsgutes. Dieses St. Martinsgut (ca. 110 Tagwerk) war früher im Besitz des Klosters Kastl, was – nach gewissen Hinweisen – vermutlich auch für den Zipfelbauernhof gilt. Jedenfalls zeigt die Gemengelage beider Besitztümer der Zeit um 1836/38 rund um den Galgenberg, daß sie sich ursprünglich einmal in einer Hand befunden haben müssen. Dieser Hof (der nach einem späteren Besitzer namens Züpf den Namen Zipfelbauernhof erhielt), auf dessen Grund in spätmerowingischer Zeit bereits die Martinskirche errichtet worden ist, muß zu einem Zeitpunkt gegründet worden sein, als die besten Bodenlagen im Gebiet von Lauterhofen bereits vergeben waren. In seiner ursprünglichen Abb. 133 Ausstattung, zu der auch die Bachhaltermühle gehört haben muß, besaß er immerhin doppelt so viel Land wie der Steinbauernhof, obwohl dieser vermutlich auf ein noch größeres Alter zurückblicken kann. Der Steinbauernhof bildete zusammen mit der Ratzenmühle im Mittelalter ohne Zweifel die Ausstattung des Schlosses Oberlauterhofen, bevor Hof und Mühle in den Besitz von Kloster Kastl gelangten. Daß es sich bei Oberlauterhofen ursprünglich um einen baierischen Herzogshof gehandelt hat, kann einstweilen freilich allenfalls vermutet werden.

Die fränkische Annexion des baierischen Nordgaues und als Folge davon die Gründung der *villa Lutrahahof* und der mit ihr verbundenen St. Martinskirche kann sowohl auf Karl Martells kriegerische Unternehmungen in den Jahren 725 und 728 zurückgehen, wie auf Aktionen Pippins und Karlmanns im Jahre 743. Abb. 135 Der östliche Grenzverlauf des alsbald gegründeten Bistums Eichstätt läßt den Gebietsverlust Baierns deutlich werden.

Die fränkischen Motive hat der Historiker Aventin jedenfalls richtig beurteilt, wenn er in seinen „Annalen" schreibt: *Lutheraviam vicum et regiam, Angilostadium oppidum Nariscorum regibus Francorum addicit Martellus, quo pateat in Baioariam libere et nemine prohibente additus* – Dorf und Königshof Lauterhofen . . . hat Karl Martell dem Frankenreich einverleibt, um freien und ungehinderten Zugang nach Baiern zu schaffen. Diese verkehrsgünstige Lage am Kreuzungspunkt wichtiger Fernstraßen hat noch dem mitterlalterlichen Marktflecken zu seiner Bedeutung verholfen – sogar noch zu einer Zeit, als bereits der „Neue Markt"-Neumarkt in der Oberpfalz gegründet worden war, der Lauterhofen dann freilich allmählich überflügelt hat.

Abb. 134

◀ *Abb. 134*
Lauterhofen, im Netz der wichtigsten Altstraßen der Region. M. 1:100000. (Ausschnitt der Karte des Deutschen Reiches 1:100000, Blatt 564).

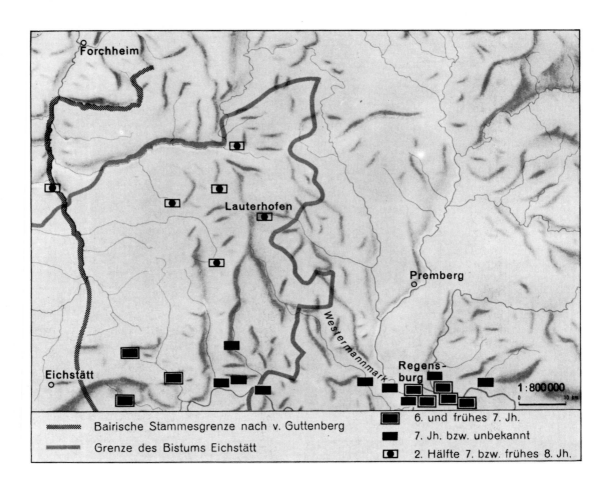

Abb. 135
Die baiuwarischen Fundstellen der Merowingerzeit (Stand 1968) im mittelfränkisch/oberpfälzischen Grenzgebiet. Die Kartierung der jeweils ältesten Funde läßt das stufenweise Vordringen bairischer Besiedlung in den „Nordgau" deutlich erkennen. Bei der Gründung des Bistums Eichstätt wurde dieses Gebiet von Baiern abgetrennt. M. 1:800000.

Sandau, ein Kloster der Agilolfingerzeit
im heutigen Stadtgebiet von Landsberg a. Lech.
Erste Funde

Im Jahre 1876 übersandte der damalige Landsberger Bezirksamtmann Maier an den Historischen Verein von Oberbayern zwei Architekturteile als Geschenk für die Vereinssammlung. Aus dem gleichzeitig übergebenen Fundbericht des Einsenders geht hervor, daß die beiden Kalksteinfragmente auf einer Terrasse am östlichen Lechufer nördlich von Landsberg in der unmittelbaren Umgebung der kleinen Kirche St. Benedikt zu Sandau gefunden worden waren. Oberstleutnant J. Würdinger hat eines davon im 1884 gedruckten Katalog der Vereinssammlungen als *romanisches Capital des 955 zerstörten Klosters Sandau* aufgeführt; das andere ist dort in einem handschriftlichen Nachtrag registriert. Eine bildliche Vorlage ist damals jedoch nicht erfolgt. So ist es zu erklären, daß die Funde offenbar bald in Vergessenheit geraten sind, zumal der Historische Verein aus Platzmangel seine Sammlungen bereits seit 1934 der Öffentlichkeit nicht mehr zugänglich machen konnte. Ob die Sandauer Stücke zuvor überhaupt je ausgestellt waren, ist heute nicht mehr festzustellen.

Die vor- und frühgeschichtlichen Bestände der Sammlung des Historischen Vereins von Oberbayern gingen zwar im Jahre 1937 in den Besitz des Bayerischen Staates über und wurden in die schon 1885 gegründete Prähistorische Staatssammlung integriert, einige Nachzügler, darunter die beiden Sandauer Fundstücke, wurden jedoch erst im Jahre 1970 noch nachgereicht. Sie hatten mehrere Jahrzehnte wohlverpackt in einer Kiste geschlummert, die damals im Keller des Münchener Stadtarchivs aufgefunden wurde. Erst jetzt konnte die tatsächliche Bedeutung der Architekturteile erkannt werden: Der stilistische Vergleich mit Funden aus frühmittelalterlichen Kirchen nördlich und südlich der Alpen zeigte, daß es sich um Überreste der Bauzier einer Kirche der Karolingerzeit handeln mußte. Die weiteren Recherchen ergaben, daß von Landsberger Heimatforschern, voran Pfarrer J. Dellinger, bei der Sandauer Kirche schon lange ein Kloster des frühen Mittelalters vermutet wurde.

Abb. 136

Abb. 137

1

2

Abb. 136
Sandau, Stadtkr. Landsberg a. Lech. Säulenfragment mit
angearbeitetem Kapitell (1) und Bruchstück mit
„Muschelfries" (2) von Chorschranken. Kalkstein,
2. Hälfte des 8. Jahrhunderts. Die beiden Architekturteile
wurden bereits während des 19. Jahrhunderts gefunden.
Höhe der Kleinsäule 30 cm; Länge des Friesstückes 11 cm.

Historische Überlieferung

Von diesem Kloster *Sandawe* oder *Santowa* ist jedoch aus der Überlieferung wenig bekannt: Es soll – wie aus Quellen zweiter Hand erschlossen wird – gleichzeitig mit Benediktbeuern und anderen Klosterkonventen im Alpenvorland um die Mitte des 8. Jahrhunderts (754?) gegründet worden sein. Seine Kirche habe Bonifatius geweiht. Um die Mitte des 10. Jahrhunderts, also rund 200 Jahre nach der Gründung, soll Sandau von den Ungarn zerstört worden sein. Nach dem Sieg auf dem Lechfeld vom Jahre 955 wurde das Kloster jedoch nicht wieder aufgebaut. Die Örtlichkeit ging vielmehr in weltliche Hand über. Dies könnte darauf hindeuten, daß weniger die Ungarn als vielmehr die durch den vielfach beobachteten Niedergang der Klosterordnung ausgelösten Säkularisationsmaßnahmen Herzog Arnulfs (der unverdient den Beinamen „der Böse" erhielt) das Ende der klösterlichen Tradition in Sandau im 10. Jahrhundert herbeigeführt haben.

Mit der Wiederentdeckung der Sandauer Fundstücke und ihrer kunstgeschichtlichen Einordnung war 1970 erstmals ein zuverlässiger Hinweis auf den einstigen Standort des Klosters Sandau gefunden. Zu diesem Zeitpunkt war das längst zu einer Kapelle herabgewürdigte Benediktuskirchlein vom Einsturz bedroht und seit Jahrzehnten unbenutzt. Allerdings hatte es sich inzwischen *Abb. 138* der Historische Verein von Landsberg a. Lech zur Aufgabe gemacht, den Bau vor dem endgültigen Verfall zu retten.

Die Ausgrabung

Der Verein sowohl wie der Eigentümer konnten schließlich davon überzeugt werden, daß angesichts der voraussichtlich weit in das frühe Mittelalter zurückreichenden Vergangenheit des Gotteshauses, Hand in Hand mit seiner statischen Sicherung eine gründliche archäologische Untersuchung erfolgen müsse. Diese wurde in den Jahren 1977–1981 von der Prähistorischen Staatssammlung durchgeführt. Verschiedene öffentliche Geldgeber, darunter die Deutsche Forschungsgemeinschaft, schufen dazu die Voraussetzungen.

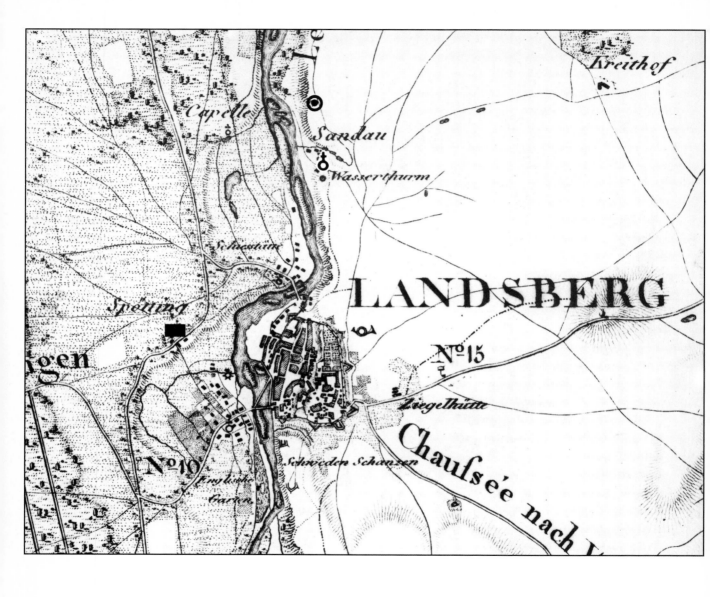

Abb. 138
Sandau, Stadtkr. Landsberg a. Lech. Die Kirche St. Benedikt während der Ausgrabung im Jahre 1977; Ansicht von Südwesten.

◀ Abb. 137
Karte des Gebietes von Landsberg a. Lech mit Lage der frühmittelalterlichen Fundstellen von Spötting (Reihengräberfeld) und Sandau (Kirche und Kloster). Nördlich vom Kloster die mittelalterliche Burgstelle des Ortsadels von Sandau. M. 1:25 000 (Kartengrundlage: Topograph. Atlas v. Bayern 1812 ff. Blatt 76 West.)

Abb. 139
Sandau, Stadtkr. Landsberg a. Lech. Im Untergrund von St. Benedikt waren zwischen verschiedenen Schuttschichten die Bodenhorizonte aller Vorläuferbauten erhalten. Die Profile des Grabungsschnittes lassen unter dem Solnhofener Pflasterboden des 20. Jahrhunderts untereinander drei Ziegelböden und drei Kalkestriche erkennen.

Am bestehenden Bauwerk waren trotz der völligen Verwahrlosung verschiedene Stilelemente zu erkennen. Zu den älteren zählte neben einer wenig qualitätvollen Ausstattung und einigen Langhausfenstern aus der Barockzeit vor allem der spätgotische Chor, dessen Erbauungszeit (1468) durch eine Inschrift an der Außenseite überliefert ist.

Kurz nach 1920 wurden offenbar an der Sandauer Kirche zum letzten Mal nennenswerte Renovierungsarbeiten durchgeführt. Bei dieser Gelegenheit erhielt sie einen Bodenbelag aus Solnhofener Platten. Wir hatten erwartet, daß wir bei unseren Grabungen im Inneren der heutigen Anlage die Fundamentreste älterer Vorläufer des in seiner jüngsten Ausformung 20 m langen und im Bereich des Saales im Lichten gut 10 m breiten Bauwerks finden würden. Diese Vermutung hat sich jedoch nicht bewahrheitet. Vielmehr stellte sich heraus, daß alle baulichen Veränderungen – jedenfalls was die Längswände angeht – stets auf den Fundamenten des Gründungsbaues erfolgt sind. Bezüglich der Schmalseiten ergab sich im Gegenteil sogar, daß die ältesten Kirchenbauten weiter ausgegriffen haben als die spätgotische Anlage. Unter dem erwähnten letzten Fußboden verbargen sich allerdings nicht weniger als sieben Fußbodenbeläge, die – mit Ausnahme des ältesten – alle so gut wie vollständig erhalten waren. Sie waren jeweils über planiertem Bauschutt und absichtlich eingebrachten Ausgleichsschichten verlegt, so daß das Fußbodenniveau der Kirche im Laufe der Jahrhunderte um etwa 1,2 m angewachsen ist.

Abb. 139

Wir wollen uns im folgenden vor allem auf die Betrachtung der ältesten Bauphase der Sandauer Kirche konzentrieren. Sie gehört – ebenso wie die darauffolgende – zur klösterlichen Vergangenheit des Platzes, die sich schon beim ersten Grabungsschnitt im Inneren auf Anhieb bestätigen ließ. Damit hatte sich auch die Richtigkeit der mittelalterlichen Überlieferung über die Anfänge Sandaus herausgestellt.

Die Kirche in der Agilolfingerzeit

Der Gründungsbau der Klosterkirche hatte die Form eines rechteckigen Saales von 18,7 x 10,6 m im Lichten, der im Osten mit einer dreiapsidigen Choranlage ausgestattet war. Der Hauptchor war in der Tiefe sowohl wie vor allem in der Breite wesentlich geräumiger als die beiden Seitenchöre, so daß er auch in der äußeren Fassade trotz der geraden Hinterbauung seiner Apsis deutlich hervortrat. Seine äußere Begrenzung reichte um 1 m weiter nach Osten als die des Polygonalchores vom Jahre 1468. Die Westwand verlief dagegen genau auf der Linie der bestehenden Mauer.

Abb. 140

Abb. 141

Dieser älteste Apsidensaal war auf drei Seiten durch Annexräume eingefaßt: Im Norden und Süden war je ein nicht ganz 4 m breiter Saal angefügt, der in der Länge genau dem Langhaus der Kirche entsprach. Im Westen waren den drei

199

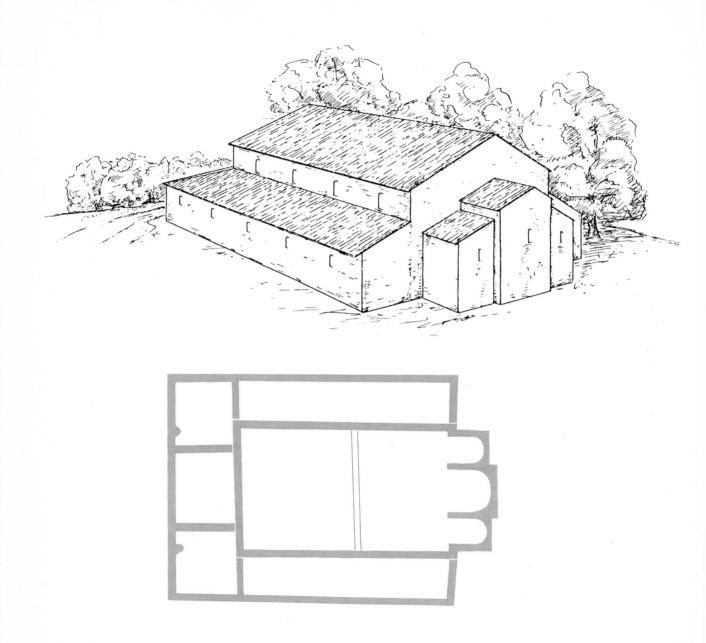

Längsräumen drei nahezu quadratische Räume vorgelagert, von denen jeder eine Grundfläche von rund 30m² einnahm. Als Baumaterial für die Umfassungsmauern der Kirche und ihrer Nebenräume wurden sogut wie ausschließlich in Kalkmörtel verlegte Tuffsteine verwendet, die in der unmittelbaren Nachbarschaft am Steilhang des Lechs „gewachsen" waren. Umso mehr fiel auf, daß sich im Bauschutt hin und wieder sorgfältig behauene Kalksteine fanden, die vom Material her den eingangs erwähnten Fundstücken des 19. Jahrhunderts entsprachen. Allmählich stellten sich auch Bruchstücke ein, die mit Zierelementen ausgestattet waren, darunter ein kleines Kapitellfragment, das sich als Teil des bereits „längere Zeit" vor 1876 gefundenen Kapitells erwies. Unter den Neufunden ist neben einer ganzen Reihe von Kapitellbruchstücken besonders ein in zwei Teilen in der Rollierung eines jüngeren Fußbodens entdecktes makelloses Stück hervorzuheben, daß trotz aller Veränderungen mit seinen Blättern und Voluten die Abstammung vom antiken korinthischen Kapitell noch immer erkennen läßt. Bei allen diesen Sücken handelt es sich um Kleinkapitelle, die – abgesetzt durch einen gegliederten Wulst – meist fest mit der Säule verbunden, d.h. unmittelbar an den Säulenschaft angearbeitet waren. Daneben fanden sich weitere Bauelemente, die in Zierfeldern u.a. mit Ranken und Flechtbändern verziert waren. Es war rasch klar, daß alle diese Teile zur einstigen Innenausstattung des ältesten Kirchenbaues gehört hatten. So ließen sich zwei Bruchstücke als Teile vom „Muschelfries" größerer – etwa meterhoher – Platten identifizieren, wie ihn beispielsweise eine ebenfalls neu gefundene Platte aus Ilmmünster als oberen Abschluß trägt. Andere Teile erwiesen sich als Fragmente von senkrecht oder waagerecht angeordneten Balken. Wieder andere bildeten einst das viergliedrige Rankenornament auf einer oder mehreren Platten, wie es ähnlich eine farbig gefaßte Platte in der Kirche von Bernried zeigt, und das sich wohl vom Motiv des Lebensbaumes ableiten läßt. Die Innenausstattung der ältesten Sandauer Klosterkirche war bei einem bereits

Abb. 142

Abb. 143

Abb. 144

Abb. 145

Abb. 146
Abb. 147

◄ *Abb. 140*
Sandau, Stadtkr. Landsberg a. Lech. Grundriß und Rekonstruktion der Klosterkirche des 8. Jahrhunderts nach dem Grabungsbefund. M. 1:300.

Abb. 141
*Sandau, Stadtkr. Landsberg a. Lech. Nordteil des Dreiapsidenchores der ältesten Klosterkirche (I)
und Rechteckchor der karolingischen Kirche (II). Ansicht von Westen.*

Abb. 142
Sandau, Stadtkr. Landsberg a. Lech. Blick aus der Vogelschau auf die Substruktionen der Annexräume im Westen der spätmerowingerzeitlichen Klosterkirche.

Abb. 143
Sandau, Stadtkr. Landsberg a. Lech. In zwei Teilen gefundenes Kleinkapitell von der Chorschranke der spätmerowingerzeitlichen Klosterkirche. Mitte bis 2. Hälfte des 8. Jahrhunderts (754/55?). Kalkstein. Größte Breite 18 cm.

frühzeitig erfolgten vollständigen Neubau wieder zerstört worden. Vermutlich hat man diese Steine größtenteils zu Kalk verbrannt; andere wurden als Bausteine – besonders im Bereich der Fundamente – wieder verwendet.
Obwohl somit nur ein Bruchteil des einstigen Bestandes – und dieser nur in kleinen Fragmenten – auf uns gekommen ist, sind Rückschlüsse auf die einstige Funktion möglich: Die einzelnen Elemente waren zu einer Schrankenanlage zusammengefügt, wie wir sie inzwischen aus mehreren südbayerischen Kirchen der Karolingerzeit kennen. Den Unterbau bildeten vermutlich unverzierte Schwellbalken, auf denen im Wechsel etwa meterhohe Pfeiler und Platten

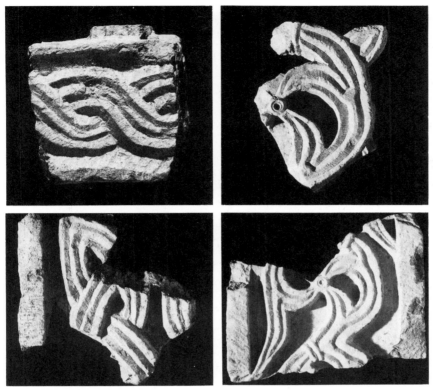

Abb. 144
Sandau, Stadtkr. Landsberg a. Lech. Vier Bruchstücke von Teilen der Chorschranke der spätmerowingerzeitlichen Klosterkirche. Kalkstein um 754/55?.
1 Höhe 7,4 cm; 2 Höhe 15 cm; 3 Höhe 11,5 cm; 4 Höhe 15 cm.

aufgerichtet waren. Auf den einzelnen Pfeilern standen die beschriebenen kleinen Säulen mit angearbeiteten Kapitellen, die ihrerseits von verzierten, oben mit Krabben geschmückten Steinbalken überspannt wurden. Dadurch entstanden oberhalb der Platten fensterartige Zwischenräume, die vermutlich durch Tücher verhängt waren. Wir können uns diese Anlagen, die sogenannten Chorschranken, so ähnlich vorstellen wie die Ikonostase in einer orthodoxen

Abb. 145
Ilmmünster, Ldkr. Pfaffenhofen a. d. Ilm. Oberteil einer Schrankenplatte aus der Klosterkirche der frühen Karolingerzeit. Das Ornament enthält neben dem charakteristischen Schnur- und Bandgeflecht Symbole des hl. Abendmahles. Den oberen Abschluß bildet ein „Muschelfries". Sandstein; Breite ohne „Federn" 80,5 cm.

Abb. 146
Bernried, Ldkr. Starnberg. Chorschrankenplatte der Karolingerzeit in der Klosterkirche.
Ursprüngliche Herkunft unbekannt. Zwischen den vier Ranken sind christliche Symbole
eingestreut. Sandstein; Breite 69,5 cm.

Abb. 147
Gstadt a. Chiemsee, Ldkr. Rosenheim. Die Schrankenplatte in der Kirche von Gstadt stammt ursprünglich vermutlich von der Fraueninsel. Ihr Ornament bildet ein Lebensbaum mit vier Ranken, der von einem „Muschelfries" bekrönt wird. Sandstein; Höhe 104 cm.

Abb. 148 ▶
Fraueninsel im Chiemsee, Ldkr. Rosenheim. Balken mit „Muschelfries" von der Chorschranken-anlage der Kirche des Klosters Frauenwörth. Um 800. Marmor, wohl aus Südtirol. Länge 82,5 cm.

Abb. 149 ▶
Ilmmünster, Ldkr. Pfaffenhofen a. d. Ilm. Rekonstruktionsentwurf der Chorschrankenanlage der frühen Karolingerzeit in Saal 11 der Prähistorischen Staatssammlung München. Höhe der Pfeiler und Platten 100 cm.

Kirche. Sie hatten die Aufgabe, den dem Klerus und der Mönchsgemeinschaft vorbehaltenen Teil der Kirche gegenüber dem Raum für die Laien abzugrenzen.

Abb. 149

Ein Blick auf die im Entwurf rekonstruierte karolingische Chorschrankenanlage aus der St. Arsatiuskirche von Ilmmünster gibt eine unmittelbare Vorstellung. Allerdings fehlte dort offenbar der höhere Aufbau mit Säulchen und Kapitellen. Dieser ist beispielsweise in der St. Martinskapelle zu Split

Abb. 150

(Dalmatien) besonders gut erhalten. Als Vorbilder dürfen wir uns entsprechende Anlagen in den zeitgenössischen Klosterkirchen Oberitaliens denken, die nachweislich mit den hiesigen Klöstern in regem Austausch standen. Zum Beweis dafür kann u. a. angeführt werden, daß auf der Fraueninsel im Chiemsee

Abb. 148

zwei entsprechend verzierte Balken aus italienischem Marmor gefunden worden sind. Diese wurden – wie auch aus dem Stil der Ornamente hervorgeht – bereits fertig zugerichtet importiert. Letzten Endes sind sie von entsprechend konstruierten Abschrankungen abzuleiten, wie sie u. a. bereits an den „rostra",

Abb. 151

der antiken Rednerbühne zu finden waren.

Abb. 140

Auf den Standort der Sandauer Schranke weist vielleicht ein schmales Fundamentgräbchen hin, das den Kirchensaal östlich der Mitte unterteilt. Leider war das eigentliche Fundament anläßlich eines Umbaues der Kirche herausgerissen worden, so daß genauere Aufschlüsse nicht mehr zu erhalten waren.

Die älteste archäologisch nachgewiesene Sandauer Kirche dürfen wir getrost mit dem Gründungsbau der Mitte des 8. Jahrhunderts identifizieren. Sowohl der eigenartige Grundriß der Kirche mit allseitiger Umbauung als auch die stilistischen Eigentümlichkeiten der Kalksteinarchitektur sind aus dieser Zeit zu belegen.

Abb. 150
Split (Dalmatien). Die Porta aurea in der St. Martinskapelle (Bildarchiv Foto Marburg).

Abb. 151
Rom. Darstellung der antiken rostra (Rednertribüne) auf dem Konstantinsbogen (Nordseite).
312–315 n. Chr.

Neubau der Kirche in der frühen Karolingerzeit

Wie gesagt wurde der erste Kirchenbau schon frühzeitig – vermutlich bereits im früheren 9. Jahrhundert – von Grund auf erneuert. Zunächst wurde der dreigegliederte Chor durch einen noch weiter nach Osten reichenden Rechteckchor ersetzt. An ihn wurde alsbald ein dreischiffiges Langhaus angefügt, Abb. 152 das auf den Fundamenten des Vorgängers gegründet ist. Von dieser Basilika sind in den heutigen Längswänden die Außenmauern der Seitenschiffe einschließlich zweier Fenster noch nahezu in originaler Höhe erhalten. Sie sind Abb. 153 auf soliden Kieselfundamenten aus ordentlich gefügten Tuffsteinlagen geschichtet, deren Fugen mit Mörtel verstrichen und in der Horizontalen mit einem Kellenstrich nachgezogen sind. Der Innenraum war durch zwei Reihen quadratischer Pfeiler gegliedert, die in der Längsrichtung mit 2,4 m weiten Bögen überspannt waren. Von ihnen hat sich ein vollständiges Element der nördlichen Arkadenreihe in der heutigen Chorwand erhalten. Abb. 154

Von besonderem Interesse ist auch, daß sich im Westteil des Mittelschiffes die Abb. 155 Substruktionen einer Taufanlage nachweisen ließen. Dies deutet darauf hin, daß die frühmittelalterliche Klosterkirche mindestens seit dem Bestehen der Basilika auch die Funktion einer Gemeindekirche besaß.

Die Kirche hat in der Form der Basilika mit gelegentlich erneuertem Fußboden bis zur Aufgabe des Klosters bestanden. Danach wurde sie alsbald verkleinert; ihre Rückverwandlung in einen Saalbau erfolgte indessen wohl erst nach einem Schadensfeuer, das während des Augsburger Städtekrieges (1372) den gesamten Ort Sandau heimsuchte.

Leider war es bei den umfassenden archäologischen Untersuchungen nicht möglich, genauere Aufschlüsse über die zugehörigen Konventgebäude des frühen Mittelalters zu erhalten. Das ehemalige Klostergelände – soweit es uns auf noch heute kircheneigenem Grund zugänglich war – hat während des Mittelalters als Friedhof für Sandau und einige Dörfer der Umgebung gedient. Dadurch wurden so tiefgreifende Störungen des Untergrundes verursacht, daß alle Spuren der einstigen Bebauung ausgelöscht worden sind.

Abb. 152

Sandau, Stadtkr. Landsberg a. Lech. Frühmittelalterliche Chorfundamente außerhalb der bestehenden spätgotischen Kirche; Ansicht von Osten. Das Chorquadrat in der Mitte entstand in der Zeit um oder bald nach 800. Die dahinter im Mittelgrund sichtbaren stark gestörten Fundamentreste gehören zum dreigliedrigen Chor der Mitte des 8. Jahrhunderts.

Abb. 153 ▶

Sandau, Stadtkr. Landsberg a. Lech. Mauertechniken des frühen Mittelalters. Oben: Ansicht der Außenwand des südlichen Seitenschiffes der karolingerzeitlichen Basilika mit zwei schmalen Fenstern; darüber romanisches Mauerwerk. Unten: Das Westwandfundament der heutigen Kirche (links) stammt noch vom merowingerzeitlichen Gründungsbau der Mitte des 8. Jahrhunderts und ist ausschließlich aus unregelmäßigen Tuffsteinen gefügt. Die Wände der karolingischen Basilika sind aus regelmäßig behauenen Tuffquadern gemauert, die in ordentlichen Schichten gelegt sind (rechts). Die Fundamente bestehen hier aus großen Kieselsteinen in Mörtelbettung. Die Tuffsteine links im Bild stammen vom Fundament des Gründungsbaues.

Abb. 154
Sandau, Stadtkr. Landsberg a. Lech. Arkade der karolingischen Basilika in der Nordwand der spätgotischen Chores nach der Freilegung. Die spätere Zusetzung sparte einen schmalen Zugang zur damaligen Sakristei aus. Während der Barockzeit wurde eine Fensteröffnung in die Wand gebrochen. Abstand der beiden karolingerzeitlichen Pfeiler 2,4 m.

Abb. 155
Sandau, Stadtkr. Landsberg a. Lech. Substruktion des Taufsteines der Karolingerzeit im Mittelschiff der Basilika; Ansicht von Osten. Der achteckige Schaft wurde nachträglich mit einer breiten Stufe ummantelt, die später in einen jüngeren Fußboden integriert wurde. Der frühmittelalterliche Taufstein war bis weit in das Mittelalter hinein in Benutzung, später wurde er durch einen kleineren ersetzt.

Abb. 156
Fraueninsel im Chiemsee, Ldkr. Rosenheim. Wandzeichnung eines Erzengels aus dem Chor der Michaelskirche im Obergeschoß der Torhalle. Wohl um 860.

Neue archäologische Untersuchungen im Chiemsee

Ergebnisse der Grabungen in den sechziger Jahren

In den Jahren 1960–1964 hat Vladimir Milojčić mit Unterstützung der Bayerischen Akademie der Wissenschaften und des Bayerischen Landesamtes für Denkmalpflege erstmals mit großem Erfolg wissenschaftliche Ausgrabungen und Bauuntersuchungen im Chiemsee durchgeführt. Sie konzentrierten sich auf die Fraueninsel und galten der frühen Geschichte des Klosters Frauenwörth. Den Ansatzpunkt bildete damals die Entdeckung hervorragender romanischer Fresken an den Obergadenwänden des Münsters. Zu den wichtigsten Ergebnissen zählt die neue – freilich nicht unbestrittene – baugeschichtliche Einordnung der Torhalle in die Karolingerzeit, in deren Chor im Obergeschoß ebenfalls mittelalterliche Fresken, wohl aus der Entstehungszeit des Bauwerkes freigelegt wurden. Zwischen dem repräsentativen Torbau und dem Gotteshaus fand man die Substruktionen einer weiträumigen Bebauung. Der Ausgräber deutete sie als Überreste des Klosters und datierte sie ebenso wie die ältesten Fundamentspuren des Münsters in die Zeit der im Jahre 868 verstorbenen Äbtissin Irmingard, der ersten bekannten Vorsteherin des Frauenwörther Konvents. Ihr Vater, König Ludwig der Deutsche, scheint jedenfalls das Kloster auf der Fraueninsel erheblich gefördert zu haben.

Abb. 157

Abb. 159

Abb. 156

Abb. 158

Historische Nachrichten

Indessen reicht die Geschichte der Klöster im Chiemsee erheblich weiter zurück. Schon Aventin glaubte zu wissen: *Herzog Thessel der ander* (= Tassilo II.) *het ganz Baiern regiert, het sant Eustasium in den Chiemsê gesetzt, daselbst zwei clöster gepaut, ains den frauwen das ander den mannen; da solt man underweisen die edeln knaben und maidlein in gueten künsten und christlichem glauben.*

Abb. 157
Der Chiemsee im Kartenbild Philipp Apians (um 1560).
(Staatsbibliothek München, Kartensammlung, Hbks F/15f.)

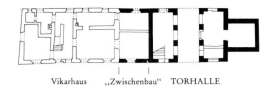

Vikarhaus   „Zwischenbau"   TORHALLE

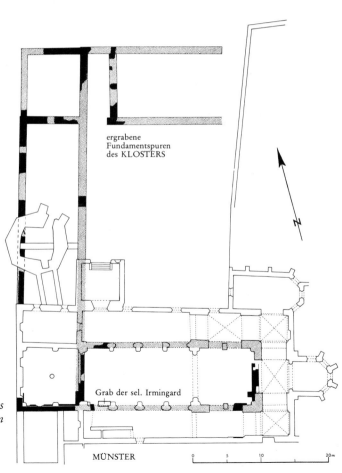

ergrabene
Fundamentspuren
des KLOSTERS

Grab der sel. Irmingard

MÜNSTER

Abb. 158
Fraueninsel im Chiemsee, Ldkr. Rosenheim. Das
frühmittelalterliche Kloster Frauenwörth nach den
Grabungsbefunden von V. Milojčić.

0   5   10   20m

Abb. 159
Fraueninsel im Chiemsee, Ldkr. Rosenheim. Die karolingische Torhalle des Klosters Frauenwörth, Ansicht von Südosten. Das „Vikarhaus" auf der Westseite wurde während der Barockzeit
angebaut.

Die Verbindung mit dem westfränkischen Missionsabt Eustasius von Luxeuil (der freilich kein Zeitgenosse Herzog Tassilos II. war) würde bedeuten, daß es bereits im früheren 7. Jahrhundert im Gebiet des Chiemsees zwei Klöster gegeben haben müßte. – Sicherer sind die Nachrichten, die das 8. Jahrhundert betreffen. Sie bezeugen für die Mitte des Jahrhunderts von dem kirchlichen Zentrum Salzburg ausgehende Aktivitäten zur Zeit des Bischofs Virgil. Herzog Tassilo III. habe damals (vermutlich nach 755) den Iren Dobdagrech mit dem Männerkloster belehnt und als Abt eingesetzt. Am sichersten verbürgt ist schließlich die 782 – also vor fast genau 1200 Jahren – erfolgte Weihe einer vom letzten Agilolfingerherzog gestifteten Kirche im Chiemsee, die wir mit dem Kloster auf der Herreninsel in Verbindung bringen dürfen. Ähnlich wie Kloster Sandau soll auch dieses Männerkloster im 10. Jahrhundert aufgegeben worden sein. Jedenfalls wurde ein unmittelbarer Zusammenhang mit dem um 1130 gegründeten Augustinerchorherrenstift auf der Herreninsel vielfach bestritten.

Abb. 167

Neue Grabungen auf der Herreninsel

Da die mittelalterlichen Urkunden-Quellen für die Frühzeit keine genauen Angaben über die Lage der einzelnen Örtlichkeiten machen, war sogar der Standort des ältesten Männerklosters Chiemsee bis vor kurzem umstritten. Durch die „Vereinigung der Freunde von Herrenchiemsee e.V. ", die Bayerische Landesstiftung und die Deutsche Forschungsgemeinschaft wurde die Prähistorische Staatssammlung in die Lage versetzt, den Sachverhalt zu überprüfen. Eine erste Sondagegrabung wurde 1979 im Hof des „Alten Schlosses" (wie das Stift der Barockzeit heute etwas irreführend genannt wird) durchgeführt.

Abb. 160

Maßgebend für die Auswahl des Grabungsgeländes waren verschiedene Bildquellen des 17. Jahrhunderts, die innerhalb der in der Barockzeit entstandenen Bauten noch zwei erst um 1725/30 abgebrochene Flügel des mittelalterlichen Konventsgebäudes wiedergeben. Die Grabungsschnitte wurden so

Abb. 161 u. 162

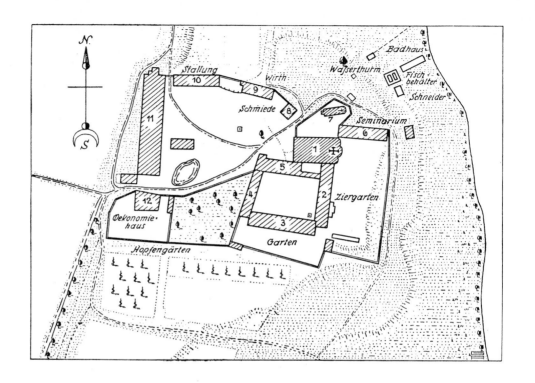

Abb. 160

Herreninsel im Chiemsee, Ldkr. Rosenheim. Das Stift der Augustinerchorherren zur Zeit der Säkularisation. Nach einem im Juli 1803 aufgenommenen Plan von Salinenwaldmeister Franz Huber im Hauptstaatsarchiv München (Plansammlung Nr. 951). 1 Domstiftskirche; 2 Konventstock; 3 Fürsten- und Kuchelstock; 4 Bräuhausstock; 5 Prälaturstock; 6 Seminargebäude (heutiges Schloßhotel); 7 Pfarrkirche St. Maria (heutige Filialkirche) mit Gemeindefriedhof; 8 Klosterschmiede und Waschhaus; 9 Hoftaverne; 10 Pferdestallung und Remise; 11 Kuhstallung; 12 Maierhaus. (Wiedergabe nach P. v. Bomhard 1964.)

angelegt, daß der Westflügel dieser verschwundenen Klosteranlage unter allen Umständen aufgefunden werden mußte. Tatsächlich bestätigte sich darüberhinaus die Hoffnung, daß der hochmittelalterliche Klosterbau an der Stelle älterer Vorläufer errichtet worden ist, in vollem Umfang: Unter- und innerhalb der Fundamente aus dem 12. Jahrhundert stießen wir auf die Steinfundamente zweier vorausgehender Bauperioden, deren älteste ihrerseits möglicherweise bereits eine noch ältere Holzbebauung ersetzte. Jedenfalls ließen sich innerhalb und außerhalb der frühmittelalterlichen Steinfundamente entsprechende Spuren sichern.

Abb. 163

Abb. 164

Abb. 161
Herreninsel im Chiemsee, Ldkr. Rosenheim. Das Augustinerchorherrenstift in der Zeit um 1700; Ansicht von Nordosten. Stich von Michael Wening. Innerhalb der großzügigen Anlage der Barockzeit sind noch zwei Flügel des mittelalterlichen Stiftes erhalten.

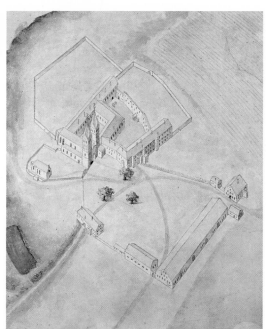

Abb. 162
Herreninsel im Chiemsee, Ldkr. Rosenheim.
Grundriß und Ansicht der Stiftsanlage um
1670/75. Aquarellierte Federzeichnung von
Christoph Haidemann. (Bayer. Staatsbiblio-
thek München, Kartensammlung.)

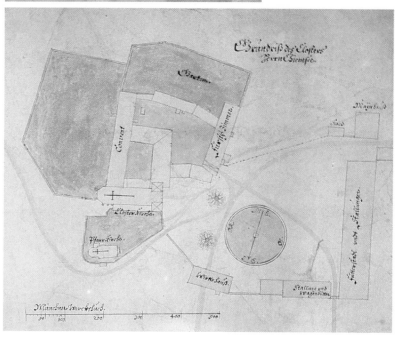

Architekturteile der frühmittelalterlichen Kirche

Durch die Begleitfunde – vor allem die Überreste zerbrochener Tongefäße – ist sichergestellt, daß die mittelalterliche Besiedlung des Platzes bis in das 7. Jahrhundert zurückreicht. Über Art und Umfang können freilich erst nach weiteren umfassenden Grabungen verbindliche Aussagen gemacht werden. Sie sind für die kommenden Jahre in Aussicht genommen und könnten – angesichts der guten Erhaltungsbedingungen im vorliegenden Fall – erstmals in Bayern zu genaueren Vorstellungen über die Entwicklung eines frühmittelalterlichen Klosters verhelfen. Denn daß die nachgewiesene Bebauung am Platz schon sehr früh – vermutlich von Anfang an – mit der klösterlichen Niederlassung der Mönche in Verbindung gebracht werden darf, zeigen zwei besondere Fund-

Abb. 166

stücke an. Es sind dies ein Balken und ein Giebelstück aus Sandstein, der auf der Insel selbst gebrochen wurde. Sie sind mit einem schnurartigen Bandmuster verziert und tragen bzw. trugen oben eine Reihe in Ajourtechnik gearbeiteter Krabben. Sie sind Überreste wohl einer Trabesschranke aus der Klosterkirche der zweiten Hälfte des 8. Jahrhunderts, wie wir sie bereits aus Sandau kennengelernt haben. Weitere karolingerzeitliche Architekturteile, die mit

Abb. 165

einem „Brezelband" bzw. einer Blattranke verziert sind, waren sekundär in der dem Kloster nördlich vorgelagerten kleinen Marienkirche eingemauert. Anders als für die Neufunde hat man für sie Kalkstein verwendet. Demnach waren in der Kirche des frühen Mittelalters mehrere Abschrankungen installiert. Dies spricht für eine gewisse Großzügigkeit des Bauwerkes, das uns die zukünftigen

◀ *Abb. 163*
Herreninsel im Chiemsee, Ldkr. Rosenheim. Blick von Westen auf die ersten Grabungsschnitte des Jahres 1979 im Nordostteil des Innenhofes mit Fundamentresten der abgebrochenen Stiftsgebäude des Mittelalters. Im Hintergrund der Konventstock von 1645/49, links die Prälatur von 1727/30.

◀ *Abb. 164*
Herreninsel im Chiemsee, Ldkr. Rosenheim. Grabungsfläche im Nordwestteil des Innenhofes mit Pfostenspuren der Holzbebauung aus dem frühen und hohen Mittelalter. Rechts im Bild mittelalterliche Backöfen. Ansicht von Westen.

Abb. 165
Herreninsel im Chiemsee, Ldkr. Rosenheim. Zwei mit Blattranken bzw. Flechtband verzierte Pfosten von einer Chorschrankenanlage der Karolingerzeit. Kalkstein; Länge des schmalen Pfostens 43,5 cm; Höhe des Rankensteines 54 cm.

Abb. 166
Herreninsel im Chiemsee, Ldkr. Rosenheim. Zwei Gebälkteile von der Chorschrankenanlage in der Kirche der frühen Karolingerzeit. Sandstein; vielleicht 782 n. Chr. Länge des Giebelstückes (links) 63 cm; Länge des Balkens (oben) noch 50 cm.

archäologischen Arbeiten hoffentlich noch weiter erschließen. Seine Fundamentreste sind im Untergrund des „Inseldomes" zu vermuten, der nach der Umwandlung in eine Bierbrauerei (1820–1917) sich heute noch immer in einem unwürdigen Zustand befindet. Die Wiederinstandsetzung der erhaltenen Bausubstanz wird den Abschluß der angelaufenen archäologischen Arbeiten auf der Herreninsel bilden.

Abb. 167 ▶
Herreninsel im Chiemsee, Ldkr. Rosenheim. Die Stiftsanlage aus der Vogelschau mit den freigelegten Fundamenten der früh- und hochmittelalterlichen Konventsgebäude. Luftaufnahme Bayerisches Landesamt für Denmkmalpflege (O. Braasch) 1984.

Ausblick

Archäologie des frühen Mittelalters ist ein verhältnismäßig junges Fach innerhalb der altertumskundlichen Wissenschaften. Sie mußte und muß sich mehr noch als andere ihre Quellen erst erschließen. Ihre Verfahrensweisen wurden seit den dreißiger Jahren allmählich erarbeitet. Einer kontinuierlichen Entwicklung wurde jedoch durch den Ausbruch des Zweiten Weltkriegs ein schwerer Schlag versetzt, von dem sie sich erst in den fünfziger Jahren allmählich wieder erholte. Noch schwerer wiegt freilich, daß die praktische Denkmalpflege in Bayern in den Jahren des wirtschaftlichen Wiederaufschwungs wegen unzureichender personeller Ausstattung ihren Aufgaben nicht im entferntesten gerecht werden konnte. Damals – und letzten Endes bis heute – wurde und wird eine Vielzahl archäologischer Quellen unwiederbringlich zerstört. Zwar wurden in den sechziger und siebziger Jahren auch eine ganze Reihe großer Grabungen an Einzelobjekten durchgeführt (etwa die Forschungen im Niedermünster zu Regensburg oder in den Domen von Bamberg und Eichstätt – um nur einige der wichtigsten Kirchengrabungen zu nennen), doch mußten auf ihre Kosten eine Unzahl anderer Objekte geopfert werden. Erst in den Jahren der Rezession Ende der siebziger und zu Beginn der achtziger Jahre gelang es, durch den Einsatz außeretatmäßiger Mittel zur Arbeitsbeschaffung eine größere Anzahl großer Grabungsprojekte gleichzeitig und in allen Landesteilen etwa gleichmäßig in Angriff zu nehmen. Allerdings war bei ihnen die wissenschaftliche Aufsicht nicht mehr in wünschenswertem Umfang gewährleistet. Vor allen Dingen aber konnte und kann die restauratorische und museale Bearbeitung den vermehrten Fundanfall bei weitem nicht verkraften – von der Möglichkeit einer wissenschaftlichen Auswertung ganz abgesehen. Hier das richtige Maß zu finden, gehört zu den schwierigsten Aufgaben, die uns heute gestellt sind.

In breiteren Kreisen der Bevölkerung hat sich inzwischen die Erkenntnis durchgesetzt, daß technische Entwicklung und wirtschaftliche Expansion nicht mit allen Mitteln und unter allen Umständen vorangetrieben werden dürfen auf Kosten unserer natürlichen Umwelt. Dies muß aber auch gelten im Hinblick auf die Zeugnisse aus der Vor- und Frühgeschichte des Menschen, die nur mit subtilsten archäologischen Methoden voll zum Sprechen gebracht werden können. Auch hier dürfen wir nicht einer Euphorie des technisch Machbaren verfallen, müssen uns vielmehr vor Augen halten, daß eine Erschließung archäologischer Quellen gleichzeitig auch immer ihre Zerstörung – jedenfalls in gewissem Umfang – bedeutet. Denn um an eine ältere Siedlungsschicht zu kommen, muß man stets das darüberliegende jüngere Stratum entfernen. Dies geschieht zwar – hoffentlich! – stets erst dann, wenn eine ausführliche Dokumentation der zu beseitigenden Schicht nach modernsten Methoden erfolgt ist – für eine spätere Nachprüfung ist aber damit im allgemeinen ein für allemal die Möglichkeit genommen.

In diesem Buch wurden an zehn Beispielen Ergebnisse archäologischer Arbeit auf dem Sektor der Frühmittelalterarchäologie in Altbayern aus den vergangenen zwanzig Jahren vorgestellt. Sie können vielleicht exemplarisch zeigen, wie dank der sog. Spatenforschung unser Bild von der baiuwarischen Frühzeit – bei aller fortbestehenden Lückenhaftigkeit – an Tiefe und Schärfe gewonnen hat. Nur damit, nicht wegen zu erwartender „schöner" oder „wertvoller" Funde, ist archäologische Arbeit allerdings überhaupt zu rechtfertigen.

Der *Reihengräberfriedhof von München-Aubing* ist bis heute das einzige baiuwarische Gräberfeld dieser Größenordnung, das vollständig untersucht werden konnte. Es bietet einen lückenlosen Überblick über den Gang seiner Belegung und damit – was natürlich wesentlicher ist – über die Entwicklung des zugehörigen Dorfes seit der Zeit um 500 bis in das frühe 8. Jahrhundert. Ebenso wie beispielsweise durch die *Gräberfelder von Garching, Pähl und Wielenbach* erhalten wir aber auch Aufschlüsse über das damalige Totenbrauchtum: über die Anlage der Gräber und über ihre unterschiedliche Ausstattung mit Beigaben. Diese sind in starkem Maße vom einstigen sozialen Status der Bestatteten abhängig, so daß uns die Grabensembles einen Blick in die Sozialstruktur der jeweiligen frühen Siedlungsgemeinschaft eröffnen.

Die Beigaben selbst stellen uns den Sachbesitz der damaligen Zeit – soweit er Eingang in die Gräber gefunden hat – vor. Neu sind dabei vor allem die Erkenntnisse über spezifisch baierische Schmuck- und Trachteigentümlichkeiten, die sich seit dem 7. Jahrhundert zunehmend herausgebildet haben (z.B. Ohr- und Armschmuck vom Typus Lauterhofen) und – dank besonders guter Erhaltungsbedingungen – die Kenntnis verschiedener Kleinwerkzeuge aus den Werkzeugtaschen einiger Männer auf dem Gräberfeld am Schalkenberg von Pähl.

Darüber hinaus eröffnen sich Einblicke – wenn auch in winzigen Ausschnitten – in die Vorstellungswelt der damaligen Menschen. Amuletten vor allem aus den Gräbern der Frauen (hielten sie länger als die Männer am Alt-Hergebrachten fest?) als Zeugnissen heidnischer Vorstellungen und Gebräuche stehen im 7. Jahrhundert vereinzelte Fundstücke mit christlichem Bedeutungsinhalt gegenüber: Goldblattkreuze, Schmuckstücke mit christlichen Symbolen; aber auch andere Anzeichen: gefaltete Hände der Toten und zunehmende Beigabenlosigkeit der Gräber (die freilich im Einzelfall auch eine andere Ursache haben kann). Gerade wenn es um solche Fragen geht, müssen wir die Grenzen unserer Erkenntnismöglichkeiten stets im Bewußtsein behalten.

Die Grabung am heutigen Ortsrand von *Kirchheim* hat – wenn auch nur ausschnittsweise – erstmals eine frühbairische Siedlung unmittelbar erschlossen. Hier überrascht die planmäßige Anlage, vor allen Dingen aber treten die einzelnen Gebäude – obwohl ursprüngliche Substanz in keinem Fall erhalten ist – nach Grundrißkonstruktion und Größe plastisch vor Augen. Viele Einzelheiten technologischer Art bleiben uns freilich verschlossen, obwohl an ganz unerwarteter Stelle – bei den Tuffplattengräbern von Wielenbach – unverhofft ein zimmerungstechnisches Detail belegt ist. Manche Einrichtungen der Kirchheimer Siedlung sind hinsichtlich ihrer einstigen Funktion bereits zu deuten: Wohn- und Wirtschaftsgebäude, Webhütten, Vorratsspeicher und Brunnen.

Die Grabungen in *Aubing, Aschheim, Epolding/Mühlthal und Lauterhofen* erschlossen uns erstmals verschiedene Grundrißtypen frühmittelalterlicher Kirchenbauten aus Holz und Stein auf dem Boden Altbaierns: in Aubing eine christliche Kapelle am Rande des dortigen Reihengräberfeldes, in Aschheim und Mühlthal die um 600 bzw. um 700 entstandenen Eigenkirchen der Grundherrenfamilien und in Lauterhofen die Kirche des fränkischen Königshofes, der um die Mitte des 8. Jahrhunderts neben dem bereits zuvor bestehenden baiuwarischen Dorf im Nordgau gegründet worden ist.

Nur in Aschheim hat sich aus dem frühen Kirchenbau die Ortspfarrkirche entwickelt, die – vielfach erneuert und umgebaut – bis heute besteht. Alle anderen sind nach kürzerer oder längerer Zeit wieder aufgelassen worden. In Aschheim haben sich ferner Anzeichen für die Verehrung eines mit dem Ort auf besondere Weise verbundenen Heiligen bis hin zu seiner ersten Grabstätte auffinden lassen. Umso unverständlicher ist, daß man wenige Jahre danach von kirchenamtlicher Seite mit der Tradition seiner Verehrung gebrochen hat.

In *Sandau* schließlich konnte die um 754 einsetzende baugeschichtliche Entwicklung einer frühmittelalterlichen Klosterkirche gründlich erforscht werden. Sowohl nach dem besonderen Grundriß wie hinsichtlich seiner besonderen Ausstattung läßt der Gründungsbau beispielhaft die intensiven Beziehungen des agilolfingerzeitlichen Konventes nach Oberitalien erkennen. – Am *Chiemsee* endlich zeichnet sich ab, daß die 1979 auf der Herreninsel begonnenen Grabungen erstmals die baugeschichtliche Entwicklung eines Klosters erschließen könnten.

Über diese Erkenntnisse von überörtlichem Belang hinaus, haben sich natürlich in jedem Einzelfall Ergebnisse für die frühe Ortsgeschichte eingestellt. Besonders einprägsam gilt dies für den Raum Aschheim/Kirchheim, wo vielerlei Einzelbeobachtungen der vergangenen 15–20 Jahre ein sehr differenziertes Bild der Besiedelung entwerfen lassen. Es unterscheidet sich sehr von dem der jüngsten Vergangenheit (vor dem Einsetzen der Verstädterung). Ähnliche Beobachtungen in Lauterhofen, Mühlthal/Epolding, Wielenbach, Pähl und Garching – dort teilweise auch an den Ortsplänen des 19. Jahrhunderts gewonnen – deuten auf eine gewisse Regelhaftigkeit hin.

Viele Fragen hinsichtlich der frühen Besiedlung Altbaierns sind heute noch nicht zu beantworten. Allein die Archäologie ist im Stande, auch in Zukunft noch neue Quellen für ihre Lösung bereitzustellen, denn eine Vermehrung der schriftlichen Urkunden ist nur in Ausnahmefällen zu erwarten. Unsere Aufgabe ist es daher, auch diese Bodenurkunden nach Kräften zu pflegen und für die Nachwelt zu erhalten.

Literatur zu den behandelten Fundstellen (Auswahl)

Reihengräberfeld München-Aubing

H. Dannheimer, Ausgrabungen des bajuwarischen Reihengräberfeldes von München-Aubing. Germania 41, 1963, 133 f. mit Taf. 27 u. 28.
H. Dannheimer, Der Holzbau am Rande des Reihengräberfeldes von München-Aubing. Germania 44, 1966, 326 ff. mit Taf. 26.

Reihengräberfeld Garching, Ldkr. Altötting

Unveröffentlicht

Reihengräberfeld Pähl, Ldkr. Weilheim

Unveröffentlicht

Reihengräberfeld Wielenbach, Ldkr. Weilheim

A. von den Driesch-Karpf, Neue Pferdeskelettfunde aus Reihengräberfeldern in Bayern. Bayer. Vorgeschichtsblätter 32, 1967, 168 ff., bes. 193 mit Taf. 23 (Angaben zu Wielenbach teilweise ungenau).
H. Dannheimer, Beobachtungen zur Zimmermannstechnik der Merowingerzeit. Bayerische Vorgeschichtsblätter 38, 1973, 165 mit Abb. 1, 1.2 u. Taf. 19.
H. Dannheimer, Aus der Siedlungsarchäologie des frühen Mittelalters in Bayern. In: Festschrift für Joachim Werner (1974) 629 ff., bes. 641 ff. mit Abb. 2–4, Taf. 48 u. Beilage 4,2.

Siedlung Kirchheim, Ldkr. München

H. Dannheimer, Die frühmittelalterliche Siedlung bei Kirchheim (Ldkr. München/Oberbayern). Germania 51, 1973, 152 ff.
R. Christlein, Kirchheim bei München, Oberbayern: Das Dorf des frühen Mittelalters. In: Das Archäologische Jahr in Bayern 1980 (1981) 162 f. mit Abb. 12, 134 u. 135.

R. Christlein, Bayerischer Ohrschmuck aus Gräbern von Kirchheim bei München, Oberbayern. In: Das Archäologische Jahr in Bayern 1980 (1981) 164 f. mit Abb. 12 u. 136.

Die Zitate aus der Lex Baiuvariorum nach der Ausgabe von K. Beyerle (1926).

Kirche, Siedlungen und Gräber Aschheim, Ldkr. München

H. Müller-Karpe u. W. Klebel, Zur frühmittelalterlichen Geschichte von Aschheim, Ldkr. München. Bayerische Vorgeschichtsblätter 20, 1954, 134 ff.

H. Dannheimer, Ausgrabungen in der Kirche von Aschheim, Ldkr. München, Oberbayern. Archäologisches Korrespondenzblatt 1, 1971, 57 ff.

H. Dannheimer, Funde aus einem reich ausgestatteten Frauengrab von Aschheim, Ldkr. München, Oberbayern. In: Das archäologische Jahr in Bayern 1985 (1986) 139 f. mit Abb. 84.

H. Dannheimer, Aschheim im frühen Mittelalter. Archäologische Funde und Befunde. Münchner Beiträge zur Vor- und Frühgeschichte, herausgeg. von J. Werner Band 32, A (1987).

G. Diepolder, Aschheim im frühen Mittelalter. Ortsgeschichtliche, siedlungs- und flurgenetische Beobachtungen. Münchner Beiträge zur Vor- und Frühgeschichte, herausgeg. von J. Werner. Band 32, B (1987).

Kirche, Siedlung und Gräberfelder Mühlthal, Gem. Straßlach, Ldkr. München

H. Dannheimer, Epolding-Mühlthal. Siedlung, Friedhöfe und Kirche des frühen Mittelalters. Münchner Beiträge zur Vor- und Frühgeschichte, herausgeg. von J. Werner, Band 13 (1968).

H. Dannheimer, Die Kirche auf dem „Burgstall" bei Romatsried. Archäologisches Korrespondenzblatt 2, 1972, 337 f. mit Abb. 1.

Gräberfelder, Kirche und Königshof Lauterhofen, Ldkr. Neumarkt.

H. Dannheimer, Zu frühmittelalterlichen Denkmälern von Lauterhofen, Ldkr. Neumarkt, Oberpfalz. Germania 41, 1963, 136 f. mit Taf. 30.

H. Dannheimer, Lauterhofen in frühen Mittelalter. Reihengräberfelder, Martinskirche, Königshof. Materialhefte zur Bayerischen Vorgeschichte Heft 22 (1968).

K. Gerhardt, Lauterhofen. Zur Anthropologie des Reihengräberfeldes in der Flur „Geißäcker" und des Friedhofes bei St. Martin (1975).

Kloster Sandau, Stadtkr. Landsberg

H. Dannheimer, Die archäologischen Untersuchungen im Gelände des ehemaligen Klosters Sandau, Stadt Landsberg am Lech, Oberbayern. In: Das Archäologische Jahr in Bayern 1980 (1981) 170 f. mit Abb. 19 u. 140.

P. Fried, Zur Geschichte von Kloster und Ort Sandau. In: Festschrift St. Benedikt in Sandau bei Landsberg a. Lech (1986) 8 ff.

H. Dannheimer, Ergebnisse der baugeschichtlichen Untersuchungen. In Festschrift St. Benedikt in Sandau bei Landsberg a. Lech (1986) 14 ff. mit Abb. 1–2 und S. 12 u. 22.

Klöster im Chiemsee, Ldkr. Rosenheim

V. Milojčić, Bericht über die Ausgrabungen und Bauuntersuchungen in der Abtei Frauenwörth auf der Fraueninsel im Chiemsee 1961–1964. Abhandlungen der Bayer. Akademie d. Wissenschaften NF. 65 A–C (1966).

H. Dannheimer, Ausgrabungen auf der Herreninsel im Chiemsee, Ldkr. Rosenheim, Oberbayern. In: Das Archäologische Jahr in Bayern 1982 (1983) 146 ff. mit Abb. 128–130.

H. Dannheimer u. K. Zeh, Ausgrabungen und Bauuntersuchungen in der ehemaligen Pfarrkirche St. Maria auf der Herreninsel im Chiemsee. In: Das Archäologische Jahr in Bayern 1983 (1984) 163 ff. mit Abb. 164.

H. Dannheimer, P. Haller u. K. Zeh, Die Ausgrabungen in den Chiemseeklöstern 1984. In: Das Archäologische Jahr in Bayern 1984 (1985) 154 ff. mit Abb. 112 u. 113.